KB272948

최강 공부뇌

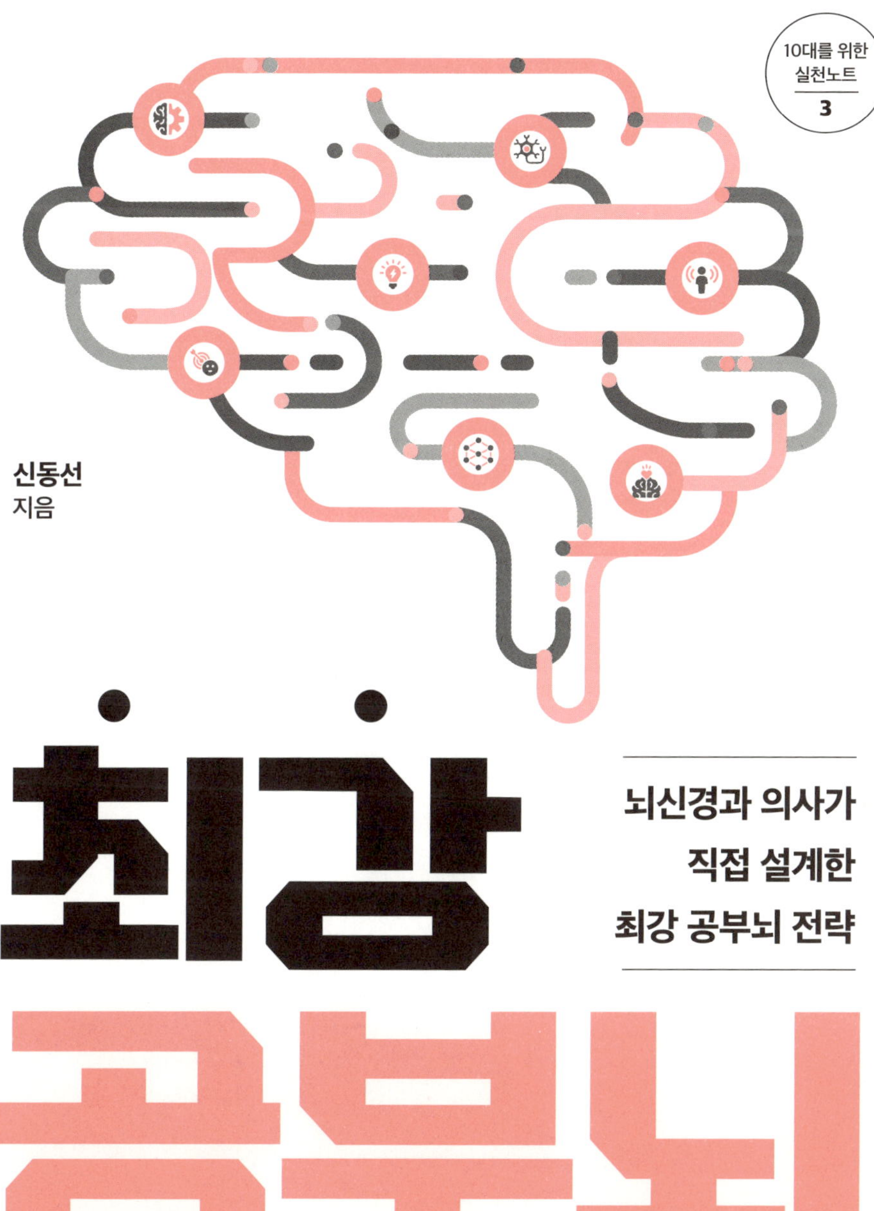

신동선
지음

최강
공부뇌

뇌신경과 의사가
직접 설계한
최강 공부뇌 전략

더메이커

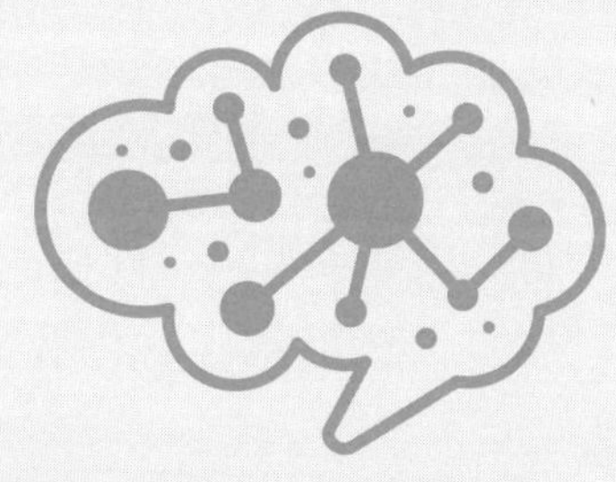

공부는 의지가 아니라 뇌로 하는 것이다

뇌신경 연결이 공부 전략의 핵심이다

왜 '공부뇌'인가?
뇌신경 연결이
공부 전략의 핵심이다

공부는 뇌신경 연결이다

공부를 잘하는 사람과 그렇지 않은 사람의 차이는 무엇일까요? 머리의 좋고 나쁨일까요? 아닙니다. 그 차이는 바로 뇌신경 연결의 상태에 있습니다.

우리가 공부할 때, 뭔가를 이해하고 암기할 때 머릿속에서는 실제로 변화가 일어납니다. 새로운 지식과 개념을 이해하고, 문제를 풀고 기술을 익히는 과정에서 뇌 속에서는 신경과 신경

사이에 새로운 연결이 만들어집니다. 뇌신경이 연결되는 거죠. 공부란 결국, 이 연결을 하나씩 만들어가는 과정입니다.

이 연결이 많아지고 또 단단해질수록, 우리는 더 빠르고 정확하게 생각하고 행동할 수 있습니다. 우리가 말하는 재능, 실력, 사고력, 창의성 등의 능력들 역시 모두 이 뇌신경 연결의 조합에서 나옵니다.

공부뇌 전략은 '뇌신경 연결'을 만드는 전략이다

문제는 많은 학생이 이 사실을 모른 채 공부하고 있다는 점입니다. 뇌신경 연결이 어떻게 만들어지고, 어떻게 강화되는지 알지 못한 채 그저 오래, 많이 공부하려고만 합니다. 그러다 보니 시간은 많이 썼는데 성적은 제자리이고, 열심히 했는데도 성과가 나지 않는 상황이 반복됩니다.

공부를 전략적으로 한다는 것은, 단순히 공부 시간을 늘리는 것이 아니라, 뇌가 연결을 만들고 강화하는 방식에 맞게 공부하는 것입니다.

뇌는 무작정 반복한다고 바뀌지 않습니다. 의미 있는 이해, 적절한 반복, 그리고 정확한 인출이 있을 때 비로소 연결이 만들어지고 단단해집니다. 같은 시간을 공부해도, 전략에 따라 결과가 완전히 달라지는 거죠.

이 책은 뇌과학의 원리를 바탕으로 공부를 뇌신경 연결의 관점에서 다시 바라봅니다.

목표를 어떻게 세워야 뇌가 움직이는지,

반복 훈련은 왜 필요하고 어떻게 해야 효과적인지,

기억은 어떻게 저장되고, 어떻게 꺼내 써야 하는지

등 공부의 전 과정을 뇌신경 연결의 작업으로 설명합니다.

공부를 단순한 지식 쌓기가 아니라 뇌를 성장시키는 프로젝트로 바라보는 순간, 여러분의 공부는 완전히 다른 모습이 될 것입니다.

이 책을 통해 여러분이 자신의 뇌를 이해하고, 자신만의 공부뇌 전략을 만들어가길 바랍니다.

공부뇌 전략은 성적을 올리기 위한 기술이 아니라, 평생 쓸 수 있는 생각하는 힘을 기르는 전략입니다. 이 책과 함께 여러분의 뇌가 단단하게 성장하길 바랍니다.

여러분의 공부를 진심으로 응원합니다.

차례

1부

공부는
뇌로 하는 것이다

공부뇌의 기본 원리

10대의 공부는 단순히 성적을 위한 것이 아닙니다.
공부는 뇌를 훈련하고,
삶을 살아갈 실력을 키우는 과정입니다.
뇌가 가장 활발하게 변하는 지금,
공부는 나를 더 강하게 만들고,
더 자유롭게 선택할 수 있게 하고,
더 넓은 세상을 향해 나아가게 합니다.

10대에게 공부는 어떤 의미일까?

1. 10대는 공부 효율이 가장 좋은 시기입니다

우리의 뇌는 평생 변하지만, 변하는 속도는 나이에 따라 크게 다릅니다. 10대는 뇌가 가장 빠르게 성장하고, 새로운 연결을 가장 적극적으로 만드는 시기입니다. 이를 '뇌가소성이 좋은 시기'라고 합니다.

뇌가소성이 좋다는 것은 '자극을 받으면 뇌 속에서 새로운 뇌신경 연결이 빠르게 생기고, 이미 있던 연결이 더욱 단단해진다'는 뜻입니다. 같은 시간을 공부해도 10대의 뇌는 훨씬 많은 것을 흡수합니다.

그래서 10대는 '공부의 황금기'라 불립니다. **이 시기에 어떤 공부 경험을 쌓느냐가 이후의 학습 능력, 집중력, 사고력의 기반이 됩니다.** 지금의 노력은 단순히 '1년 성적'을 바꾸는 것이 아니라, 앞으로 평생 사용할 두뇌의 기반을 만드는 일입니다.

2. 공부는 거인의 어깨에 올라서는 과정입니다

수학, 과학, 예술 등 지금 우리가 배우는 지식은 수많은 사람이 탐구하고 실패하고 발견한 끝에 쌓인 결과입니다. 인류의 문명은 한 사람의 발견 위에 또 다른 사람의 발견이 얹히며 발전해 왔습니다. 이를 '거인의 어깨'라고 표현합니다.

공부는 '그 거인의 어깨 위에 올라서는 과정'입니다. 내가 직접 발명하지 않았더라도, 지금까지 쌓인 지식 구조를 배우는 순간, 우리는 더 넓은 시야를 함께 얻습니다.

그리고 그 시야 위에서 언젠가 나만의 생각과 방식, 나만의 창의성을 덧붙일 수 있게 됩니다. 지금 우리가 하는 공부는 단지 시험 준비가 아니라, 과거의 거인이 보던 세상을 함께 보며 나만의 새로운 관점을 준비하는 과정입니다.

결국 공부는 문명을 이해하고, 앞으로 더 나은 문명을 만들 두뇌를 단단히 세우는 훈련입니다.

3. 공부는 성공 확률을 높이는 전략입니다

공부는 성공을 보장하지는 않지만, 성공 확률을 높이는 가장 현실적이고 강력한 전략입니다. 하고 싶은 일이 있어도 지식과 기술이 부족하면 출발선에 서기조차 어렵습니다. 반대로 공부는 선택지를 넓혀 줍니다. 내가 원하는 일이 생겼을 때, 그것을 실제로 해낼 수 있는 힘을 키워 줍니다.

공부를 잘한다는 것은 단지 '성적이 좋다'는 의미가 아닙니다. '원하는 길을 스스로 선택할 수 있는 힘이 생긴다'는 뜻입니다. 그 힘이 있을 때 기회는 더 자주 찾아오고, 선택의 폭도 넓어집니다.

그래서 공부는 운에 맡기는 삶이 아니라, 내가 원하는 길을 스스로 설계할 수 있는 삶으로 나아가게 합니다. 결국 공부는 미래를 더 유리하게 만들기 위한 가장 실질적이고 안전한 투자입니다.

4. 공부는 자아실현의 과정입니다

공부는 종종 경쟁처럼 느껴집니다. 누군가와 비교하고 순위에 흔들리는 경험은 누구에게나 부담이 됩니다. 하지만 공부를 경쟁으로만 바라보면 쉽게 지치고, 금세 흥미를 잃기 마련입니다.

공부는 결국 나를 세우는 과정입니다. 내 생각을 표현하는 힘, 문제를 이해하고 해결하는 힘, 스스로 선택하고 결정하는 힘이 공부에서 자랍니다.

공부를 통해 자신을 더 정확히 이해하게 되고, 하고 싶은 일과 잘할 수 있는 일이 조금씩 또렷해집니다. 그래서 공부는 누군가를 이기기 위한 것이 아니라, 내 삶의 방향을 스스로 정하는 힘을 키우는 과정입니다. 오늘의 나를 어제보다 단단하게 만드는 경험이, 곧 자아실현입니다.

5. 공부 그릇을
키우는 일입니다

공부를 하면 지식이 쌓입니다. 하지만 지식보다 더 중요한 것은 그것을 '담는 그릇'을 키우는 일입니다.

시험이 끝나면 대부분의 내용은 잊히지만, 그 과정에서 얻은 사고력, 정리하는 힘, 문제를 구조화해 해결하는 능력, 반복하는 힘은 쉽게 사라지지 않습니다.

이러한 능력들은 새로운 분야를 배울 때도 금방 적응하게 해주고, 인생의 중요한 순간마다 흔들리지 않게 해줍니다. 즉, 공부는 단순한 지식 축적이 아니라, 배우는 힘 자체를 강화하는 뇌 훈련입니다. 그래서 공부는 시간이 지나도 사라지지 않는 '평생 자산'을 키우는 과정입니다.

6. 공부는 내 인생을
최적화하는 훈련입니다

10대의 공부는 단순히 성적을 위한 것이 아닙니다. 공부는 뇌를 훈련하고, 앞으로의 삶 전체를 설계할 실력을 기르는 과정입니다.

뇌가 가장 활발하게 변하는 지금, 공부는 나를 더 강하게 만들고, 더 자유롭게 선택할 수 있게 하고, 더 넓은 세상을 향해 나아가게 합니다. 지금 쌓는 습관과 노력은 대학이나 직업 같은 단기 목표를 넘어, 나의 사고방식, 문제 해결법, 삶을 바라보는 태도를 결정합니다.

공부를 통해 만들어지는 이러한 기본 능력들은 앞으로 어떤 길을 선택하든 흔들리지 않는 기반이 됩니다. 그래서 공부는 내 인생 전체의 성능을 높여주는 최적화 훈련입니다.

지금, 이 순간의 공부는
내 인생 전체를 위한 가장 큰 선물입니다.

뇌신경 연결, 공부의 본질

공부를 잘하려면, 뇌가 바뀌어야 합니다. 뇌가 바뀐다는 건, 곧 '뇌신경이 연결된다'는 뜻입니다. 그리고 이 연결이 강해질수록 여러분의 재능과 능력도 단단해집니다. 그렇다면 '뇌신경이 연결된다'는 것은 무엇을 의미할까요? 그리고 어떻게 해야 뇌신경이 연결될까요?

뇌신경 연결의 의미와 과정을 제대로 알게 되면, 우리는 공부에 분명한 전략을 가질 수 있습니다. 이제 여러분이 공부할 때 뇌가 어떻게 반응하고 움직이는지, 하나씩 차근차근 살펴보겠습니다.

단기기억에서
장기기억으로

여러분은 수업 시간에 배운 영어 단어 5개를 얼마나 오래 기억할 수 있나요? 수업이 끝나자마자 바로 잊어버리지는 않나요? 처음 접한 단어라면 바로는 아니라도 그리 오래 유지되지는 않을 것입니다.

그 이유는 그 단어들이 뇌 속에서 단기기억 상태에 머물기

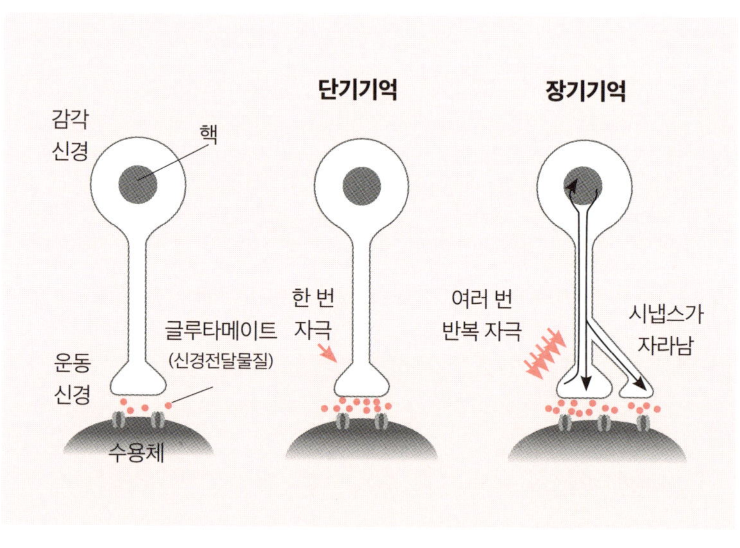

장기기억은 단기기억과 달리, 뇌세포의 모양 자체가 달라진다. 실제로 뇌세포에서 가지(시냅스)가 자라나고, 연결이 복잡해진다.

때문입니다. 단기기억은 '신경전달물질이라는 작은 분자가 잠깐 뿌려져서, 잠시만 기억을 붙잡고 있는 상태입'니다. 이 기억은 보통 몇 분 안에 사라집니다.

하지만 같은 단어를 반복해서 보고, 말하고, 써보면 상황이 달라집니다. 장기기억으로 바뀌는 것이죠. 장기기억은 단기기억과 달리, 뇌세포의 모양 자체가 달라집니다. 전자현미경으로 보면 실제로 뇌세포에서 가지(시냅스)가 자라나고, 연결이 복잡해집니다.

이게 바로 공부하는 뇌의 모습입니다.

공장 가동 스위치, 크랩

이렇게 뇌신경이 여러 번 자극을 받으면, 뇌세포 안에서 특별한 단백질이 만들어집니다. 바로 '크랩'이라는 단백질입니다. 이 단백질은 마치 '공장을 가동시키는 스위치'와 같습니다. 스위치가 켜지면 뇌 속 DNA 공장이 작동하여 새로운 시냅스 가지를 만들고, 기억과 능력을 형성합니다.

이처럼 크랩은 뇌신경 연결에 관여하는 중요한 단백질입니다. 그런데 크랩에는 크랩1과 크랩2, 두 종류가 있습니다. 크랩

1은 방금 소개한 것처럼 뇌신경 연결을 촉진하는 단백질입니다. 그렇다면 크랩2는 어떤 역할을 하는 단백질일까요? 바로 뇌신경 연결에 브레이크를 거는 역할을 합니다.

크랩1: 뇌신경 연결을 촉진하는 역할

크랩2: 뇌신경 연결에 브레이크를 거는 역할

촉진하는 단백질만 있다면 더 잘 기억할 것 같지만, 실제로는 그렇지 않습니다. 뇌에는 브레이크 역할을 하는 단백질이 꼭 필요합니다.

왜일까요? 만약 뇌가 들어오는 모든 정보를 빠짐없이 연결해 기억한다면 어떻게 될까요? 머릿속이 불필요한 정보로 가득 차서, 정말 중요한 순간에 필요한 기억을 꺼내기가 오히려 어려워질 것입니다.

그래서 뇌는 선택을 합니다. 중요한 정보는 연결을 강화해 장기기억으로 남기고, 덜 중요한 정보는 정리해 버립니다. 이때 브레이크 단백질인 크랩2가 필요합니다. 크랩2가 '필터' 역할을 해주기 때문에 뇌는 과부하에 걸리지 않고, 오히려 집중해서 꼭 필요한 지식을 오래 기억할 수 있는 것이죠.

즉, 크랩1이 '엑셀'이라면, 크랩2는 '브레이크'입니다. 자동차에

액셀만 있고 브레이크가 없다면 위험한 것처럼, 뇌도 마찬가지입니다. 두 단백질이 균형을 이루어야 비로소 안전하고 효율적인 기억 시스템이 작동합니다.

뇌는 감정과 반복을 중요한 것으로 판단한다

그렇다면 뇌는 어떤 정보를 중요한 것으로 판단할까요? 바로 '감정'입니다. 뇌는 감정적으로 강하게 느낀 순간을 중요하게 여깁니다. 무서웠던 경험, 감동적인 순간, 웃긴 장면이 기억에 오래 남는 이유입니다. 이처럼 감정은 크랩2의 활동을 억제하고, 크랩1이 활발하게 작동하도록 도와줍니다.

공부도 마찬가지겠죠. 같은 내용을 공부해도 흥미, 호기심, 열정이 있으면 기억에 더 오래 남습니다. 반대로 두려움, 불안, 혐오처럼 회피 감정이 강하면 일시적으로 기억은 될 수 있어도, 금방 지치고 공부를 계속하기 어려워집니다.

감정만큼 중요한 게 있는데, 바로 반복 자극입니다. 뇌는 한 번 자극으로는 쉽게 변하지 않습니다. 크랩 단백질이 충분히 만들어지려면 반드시 반복 학습(자극)이 필요합니다. 꾸준한 복습, 문제풀이, 암기 훈련이 바로 뇌신경 연결을 강화하는 방법입니다.

이때 단순한 반복이 아니라, 적절한 간격과 강도로 반복하는 것이 중요합니다. 처음에는 짧은 간격으로 자주 복습하고, 점점 간격을 넓혀가는 방식이 효과적입니다. 그리고 이때도 감정을 함께 자극하면 효과는 훨씬 커집니다.

결국,
공부는 뇌신경 연결이다

이제 공부의 본질이 무엇인지 조금 보이시나요?

공부는 단순히 문제를 푸는 게 아닙니다. 공부는 뇌를 자극하고, 뇌신경 연결을 만드는 작업입니다. 여러분이 반복하고, 흥미를 느끼고, 열정을 쏟을 때, 뇌에서는 보이지 않는 변화가 일어납니다. 바로 크랩 단백질이 만들어지고, 새로운 연결이 생기고, 뇌가 성장합니다. 그 결과, 여러분의 재능은 점점 커지고 또 단단해집니다.

그러니 공부할 때 이렇게 생각해 보세요.

'나는 지금, 뇌를 바꾸고 있다.'

'나는 지금, 나의 능력을 키우고 있다.'

여러분의 뇌는, 여러분의 노력을 절대 배신하지 않습니다.

공부뇌 전략의 세 기둥
약점, 피드백, 반복

공부 전략은 다양하지만, 어떤 전략이든 중심을 이루는 세 기둥은 약점을 찾고, 피드백을 받고, 반복으로 완성하는 과정입니다. 이 세 가지는 뇌신경 연결을 바탕으로 공부뇌를 만드는 핵심 시스템입니다. 이 원리를 이해하고 실천할 수 있다면, 누구든 공부의 기본 체력을 단단히 키울 수 있습니다.

1. 약점 :
뇌신경 연결의 타깃을 정하는 일

공부를 잘하고 싶다면, 먼저 내가 잘 못하는 부분, 즉 약점을 정확하게 파악해야 합니다. 약점은 단순히 성적이 낮은 과목이나 점수가 떨어진 부분만을 뜻하지 않습니다. 공부에서 약점이란 두 가지로 나눌 수 있습니다.

① 알아야 하지만 아직 모르는 지식
② 익혀야 하지만 아직 익숙하지 않은 기술

예를 들어 수학에서 공식은 알고 있지만 문제에 적용이 안 된다면, '공식 활용 기술'이 약점입니다. 영어 단어는 외웠는데 문장이 안 읽힌다면, '독해력 기술'이 약점인 것이죠.

공부는 결국 이 약점들을 찾아내고, 하나씩 해결해 가는 과정입니다. 이 작업을 꾸준히 반복할수록 뇌신경 연결이 강해지고, 공부 실력은 점점 더 단단해집니다.

2. 피드백 :
공부의 방향을 조정하는 나침반

공부는 단순한 반복이 아니라, '정확한 피드백이 있는 반복'이어야 합니다. 피드백이란 '내가 지금 제대로 가고 있는지를 알려주는 신호'입니다. 예를 들어 모의고사 성적, 문제풀이 결과, 선생님의 코멘트 등이 모두 피드백입니다.

지식은 상대적으로 피드백이 쉽습니다. 문제를 풀면 알고 있는지, 모르는지 바로 드러나기 때문입니다. 하지만 사고력, 독해력, 설명력, 응용력 같은 인지 영역은 피드백이 어렵습니다. 내가 어떤 방식으로 사고하는지 스스로 보기 어렵기 때문입니다.

그렇다면 어떻게 해야 할까요?

스스로에게 질문하거나, 친구나 선생님의 도움을 받거나, 혹은 풀이 과정 등을 직접 설명해보면 나의 문제점이나 오류를 확인할 수 있습니다. 이렇게 피드백이 있는 반복은 뇌신경 연결을 정확하게 만들고, 공부 실력을 크게 높여줍니다.

3. 반복:
뇌신경 연결을 단단하게 만드는 유일한 방법

공부는 결국 반복입니다. 공부에서 반복이 중요한 이유는 단순합니다. **반복만이 뇌의 구조를 바꾸기 때문**입니다. 반복 없이 뇌신경 연결은 절대 강해지지 않습니다. 여러분이 외운 단어 하나, 이해한 개념 하나는 모두 뇌 안에서 신경세포의 가지가 뻗어나가고, 새로운 연결이 생긴 결과입니다.

공부를 잘하는 친구들을 보면, 반복을 지루하지 않게 만드는 자기만의 전략을 갖고 있습니다. 예컨대 복습 노트, 오답 노트, 말로 설명하기, 친구에게 가르쳐보기 등 다양한 반복 방법을 사용하지요.

여기서 중요한 것은 반복할 때 정확성, 충분한 양, 그리고 감정 몰입이 있어야 한다는 점입니다. 무조건 여러 번 반복하는 것이 아니라, 무엇을, 왜, 어떻게 반복하는지 고민하면서 해야 뇌가 제대로 반응합니다.

약점, 피드백, 반복, 이 세 가지는 따로따로 쓰이는 게 아닙니다. 항상 서로 연결된 하나의 시스템으로 작동합니다.

① 약점을 파악해야 무엇을 반복할지 보입니다.
② 반복을 하면서도 피드백을 받아야 제대로 가고 있는지 알 수 있습니다.
③ 피드백을 통해 새로운 약점을 발견하면, 다시 반복 전략을 조정해야 합니다.

이 과정을 꾸준히 반복하면 여러분의 뇌는 점점 더 공부에 최적화된 구조로 바뀌게 됩니다.

'학습 태도와 습관'도 약점이 될 수 있다

조금 더 깊이 들어가 보겠습니다. 우리가 흔히 말하는 '약점'은 꼭 지식이나 문제풀이에만 있는 것이 아닙니다. 여러분의 공부 습관, 시간 관리력, 계획 실행력, 실패 회복력 등도 약점이 될 수 있습니다.

예를 들어, 계획은 잘 세우는데 실행을 못 한다면 '실행력'이 약점입니다. 시험 기간에 멘붕이 자주 온다면 '감정 조절력'이 약점입니다. 이런 능력들은 단기간에 쌓이지 않지만, 의식하고 훈련하면 충분히 강화할 수 있습니다.

공부의 본질은 결국 '나를 바꾸는 일'입니다. 단순히 교과 지식만 쌓는 것이 아니라, 공부하는 나의 뇌, 나의 마음, 나의 태도까지 함께 단련하는 것입니다.

공부는 나의 뇌를 단련하는 시간이자, 과목과 깊이 씨름하는 과정입니다. 이 과정에서 가장 효율적인 방법은 약점을 목표로 삼고, 반복을 도구로 삼고, 피드백으로 방향을 점검하는 것입니다.

"나는 지금 무엇이 약점인가?"

"나는 지금 어떤 반복을 하고 있는가?"

"나는 지금 제대로 피드백을 받고 있는가?"

이 질문을 계속 던지며 공부한다면, 여러분은 누구보다 빠르게, 단단하게 성장할 수 있습니다.

기억의 구조
기억은 어떻게 머릿속에 남는가

공부는 결국 머릿속에 지식과 기술을 저장하고, 필요할 때 꺼내 쓰는 기억의 과정입니다. 공부를 잘한다는 것은, '잘 기억하고, 잘 인출하는 능력'을 키우는 것이라고 할 수 있습니다. 이 기억은 뇌 속에서 다음 세 단계를 거치며 만들어집니다.

지식과 기술은 '단기기억 → 장기기억 → 자동기억', 이 순서를 거쳐 점점 더 깊고 단단하게 자리잡습니다.

1) 단기기억

단기기억은 어떤 정보를 잠깐 기억하는 상태입니다. 예를 들어, 수업 시간에 '영어 단어 5개'를 배웠어도, 우리는 그 단어를 잠깐 기억했다가 수업이 끝나면 금방 잊어버리곤 합니다. 보통 단기기억은 1분 이내, 길어도 몇 분 안에 사라지기 쉽습니다. 교과서 내용을 한 번 보고 지나가면 금방 희미해지는 것도 이 때문입니다.

2) 장기기억

이제 같은 영어 단어를 여러 번 읽고, 쓰고, 말해보면 점점 기억이 선명해집니다. 이처럼 반복을 통해 기억이 더 오래 남게 되는 상태가 바로 '장기기억'입니다.

장기기억은 하루나 이틀을 넘어 몇 주, 몇 달 동안도 유지됩니다. 공부를 하면서 자주 보게 되는 개념들에 점점 익숙해지는 것도 이 장기기억 덕분입니다.

3) 자동기억

　장기기억보다 한 단계 더 나아간 것이 '자동기억'입니다. 자주 반복해서 익힌 정보는 생각하지 않아도 저절로 떠오릅니다. 예를 들어, 현관 번호키나 내 전화번호는 일부러 외우지 않아도 입에서 바로 나올 수 있지요. 이런 상태가 바로 '자동기억'입니다.

　공부에서도 어떤 개념이나 풀이 방식이 자동으로 떠오를 정도가 되면 진짜 실력이 된 것입니다. 머릿속에서 꺼내 쓰기 위해 힘을 들이지 않아도 됩니다.

기억의 예시들: 반복이 만든 변화

번호키 누르기

　처음 현관문의 비밀번호를 입력할 때는 천천히 생각하며 누릅니다. 이때는 '단기기억 상태'입니다. 여러 번 번호를 입력하다 보면 익숙해져서 생각하지 않고도 손이 먼저 움직입니다. '단기기억 → 장기기억 → 자동기억'의 흐름이 그대로 보입니다.

영어 말하기

영어로 말할 때 처음엔 단어 하나하나 떠올리느라 시간이 걸립니다. 하지만 문장을 여러 번 만들고 연습하면, 어느 순간 문장 구조가 저절로 머릿속에서 만들어지고, 입에서 술술 나오게 됩니다. '자동기억 상태'가 된 것입니다.

컴퓨터 자판 치기

처음에는 자판 위치를 눈으로 일일이 확인하며 칩니다. 그러나 반복해서 자판을 치다 보면 손가락이 알아서 움직입니다. 이것도 반복을 통한 자동화의 결과입니다.

공부란 결국, 반복하고 반복해서 지식, 기술을 익혀나가는 여정입니다. 지식, 기술을 단기·장기·자동기억 수준으로 뇌신경을 연결하는 과정이지요. 모든 지식, 기술은 그 임계점을 넘는 반복량을 쌓으면 우리 뇌에 결국 쌓이게 됩니다. 자연의 법칙입니다.

공부는 다음의 3단계 기억 과정을 거칩니다.

- **단기기억:** 잠깐 기억하는 상태

- **장기기억:** 여러 번 반복해 오래 기억하는 상태
- **자동기억:** 의식하지 않아도 술술 나오는 상태

단기기억만 해두고 반복하지 않으면 공부한 내용을 쉽게 잊어버릴 수밖에 없습니다. 하지만 반복을 통해 장기기억을 만들고 자동기억까지 도달하면, 시험에서 자신 있게 문제를 풀 수 있습니다.

공부에서 가장 중요한 것은 기억을 쌓는 방향을 이해하고, 그 흐름을 따라 전략적으로 반복하는 것입니다. 단기기억이 장기기억이 되고, 장기기억이 자동기억으로 이어질 때, 여러분의 공부는 비로소 뇌 속에서 단단히 연결됩니다. 이것이 바로 진짜 공부의 뇌 전략입니다.

10대 뇌의 다섯 가지 특별한 특징

혹시 디즈니 영화 〈인사이드 아웃〉을 본 적이 있나요?

이 영화는 사춘기를 맞은 소녀의 머릿속에서 벌어지는 감정의 전쟁을 보여줍니다. 기쁨이, 슬픔이, 버럭이, 소심이, 까칠이, 이렇게 다섯 가지 감정이 매일매일 주인공의 마음속에서 주도권을 잡으려고 싸우지요.

어릴 적에는 단순했던 감정들이, 사춘기가 되면서 왜 복잡하고 예민해질까요? 바로 몸과 뇌에서 동시에 시작되는 변화 때문입니다.

10대의 변화,
그 출발은 뇌에 있다

10대가 되면 몸속에서 성호르몬이 급격히 분비되어 신체적인 변화가 일어납니다. 그런데 변화는 몸에서만이 아니라, 감정을 담당하는 뇌 영역에서도 함께 시작됩니다. 그래서 괜히 예민해지고, 사소한 일에도 감정이 크게 흔들리기 쉽습니다.

문제는 감정을 조절하는 뇌의 '전두엽'이 아직 완전히 성숙하지 않았다는 점입니다. 전두엽은 20대 중반이 되어야 제대로 자리를 잡습니다. 그래서 10대는 감정을 느끼는 힘은 강해졌지만, 그것을 조절하는 힘은 약해 감정 기복이 생기는 것이지요. 반면에 성인은 성호르몬 분비가 상대적으로 안정적이고, 전두엽도 성숙해 있어서 감정을 다스릴 수 있는 거고요.

뇌는 태어나고 나서도
계속 자란다

사람의 뇌는 태아 시기에 기본 구조가 만들어지지만, 출생 후에도 오랫동안 성장하고 성숙합니다. 이 과정 덕분에 인류는

고도의 문명을 이룰 수 있었지요.

뇌의 성숙은 크게 두 가지 과정을 거칩니다.

① 시냅스 가지치기 Synaptic Pruning

② 수초화(미엘린화) Myelination

이 두 과정은 뇌를 더 빠르고 효율적으로 만들어 주는 중요한 변화입니다.

1) 시냅스 가지치기: 중요한 연결만 남긴다

시냅스란 뇌세포들끼리 정보를 주고받는 연결 지점입니다.

아기가 태어날 때는 세상에 대비하기 위해 무수히 많은 연결을 만들어 놓습니다. 하지만 태어난 뒤에는 꼭 필요한 연결만 남기고 나머지는 하나씩 없애나가지요. 마치 대청소를 하듯 불필요한 것을 정리하는 과정입니다.

이 가지치기는 두 번에 걸쳐 크게 일어납니다.

- **0~3세:** 감각(보기, 듣기)과 관련된 뇌 영역에서 정리

- **10대 전후:** 전두엽(사고력, 판단력)에서 정리

　　10대 전후에 일어나는 전두엽의 가지치기는 특히 중요합니다. 전두엽은 계획, 집중, 판단, 감정 조절을 담당하는 영역이기 때문에, 이 시기의 정리 과정은 사고력과 자기조절 능력을 키우는 데 직접적인 영향을 줍니다.

2) 수초화(미엘린화): 정보를 빠르게 전달하는 전선 코팅

　　뇌세포는 신호를 주고받기 위해 '전선'처럼 길게 뻗은 '축삭'이라는 부분을 갖고 있습니다. 이 축삭에는 수초(미엘린)라는 코팅이 감겨 있어야 신호가 빠르고 정확하게 전달됩니다.

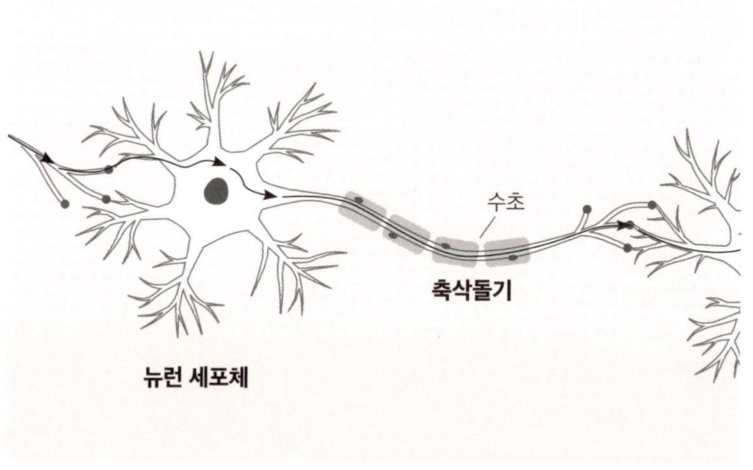

신호를 주고받기 위해 '전선'처럼 길게 뻗은 '축삭'에는 수초라는 코팅이 감겨 있어야 신호가 빠르고 정확하게 전달된다.

이 수초(미엘린)화는 뇌의 뒤쪽부터 앞쪽으로 진행됩니다. 그래서 가장 늦게 완성되는 부분이 바로 전두엽, 그중에서도 가장 앞쪽에 있는 전전두엽입니다. 뇌의 사령탑 역할을 하는 전전두엽은 동기부여, 계획 세우기, 감정 억제, 판단 등을 담당합니다.

결국 10대의 뇌는 감정은 강해졌지만, 브레이크 역할을 하는 전전두엽은 덜 자라 있어 제어가 어려운 상태라고 할 수 있습니다.

10대 뇌의 주요 특징 5가지

이제 핵심을 정리해보겠습니다. 10대의 뇌는 다음과 같은 특징을 가지고 있습니다.

특징① 전두엽이 미성숙하다

계획, 충동 억제, 동기부여 기능이 약합니다. 그래서 실수도 많고, 충동적 행동도 잦습니다.

특징② 흥분성이 높다

뇌는 '흥분'과 '억제'의 조합으로 작동하는데, 10대의 뇌는

'흥분하라'는 신호는 많고, '진정하라'는 신호는 적습니다. 그래서 쉽게 흥분하고, 감정 기복이 큽니다.

특징③ 뇌가 말랑말랑하다

10대는 뇌가소성이 가장 높은 시기입니다. 즉, 뇌가 자극에 빠르게 반응하고 쉽게 바뀐다는 뜻입니다. 이것은 공부에도 유리하지만, 나쁜 습관에도 쉽게 반응한다는 의미입니다.

특징④ 감정적으로 더 예민하다

감정을 담당하는 편도체는 활발하지만, 이를 조절할 전두엽은 아직 미성숙합니다. 스트레스 상태에서는 전전두엽 및 해마가 약해지고, 편도체가 과활성이 됩니다. 스트레스 상황에서 10대의 뇌는 성인보다 훨씬 취약합니다.

특징⑤ 중독에 취약하다

10대의 뇌는 배움에 말랑말랑한 만큼, 중독 같은 잘못된 자극에도 쉽게 변화합니다. 충동 조절 능력이 약해 더 쉽게 빠지고, 더 빠르게 중독됩니다. 도파민(기분과 동기를 움직이는 화학 물질)에 강하게 반응하는 10대의 뇌는 게임, SNS, 음식, 유튜브, 도박 등에 쉽게 빠질 수 있습니다.

10대의 뇌는 미성숙하면서도 잠재력이 엄청납니다. 이 시기에 잘 훈련하고 관리하면, 어떤 시기보다 빠르게 성장할 수 있습니다.

1) 스스로 선택하고 연습하기

스스로 결정하고 책임지는 경험이 전두엽을 단련하는 최고의 방법입니다. 누군가가 시키는 대로만 하기보다, 내가 직접 선택하고 그 선택을 실천해보아야 합니다. 잘했든 못했든 그 경험이 뇌를 단단하게 만듭니다.

2) 실수를 두려워하지 않기

실수하고, 고치고, 개선하는 과정이 바로 뇌를 성장시키는 자극입니다. 실수는 더 큰 배움으로 연결됩니다. 중요한 건 실수를 두려워하지 않고 다시 시도하는 태도입니다.

3) 목표를 세우고 실행하기

내가 원하는 목표를 직접 정하고, 그것을 위해 계획하고 실천하는 경험이 필요합니다. 이 과정을 반복할수록 공부 뇌, 성장

뇌, 자기주도 뇌가 점점 강해집니다.

4) '노력 → 성취 → 뿌듯함'의 고리 만들기

작은 성취라도 직접 경험하면 뇌는 강력한 보상을 느낍니다. '노력 → 성취 → 뿌듯함'이 고리를 반복하면 뇌는 더 강하게 연결되고, 자기효능감이 자랍니다.

10대의 뇌는 지금 한창 자라고, 연결되고, 다듬어지는 중입니다. 때로는 실수하고, 흔들리고, 감정에 휘둘리기도 하겠지만, 이 모든 과정이 성장의 일부입니다.

지금 여러분의 뇌는 무한한 가능성의 회로를 만들고 있는 중입니다. 그 뇌를 믿고, 꾸준히 훈련해보세요. 결국, 공부는 뇌를 훈련하는 과정이고, 그 훈련의 중심은 여러분 자신입니다.

참고

《10대의 뇌》, 프랜시스 젠슨, 에이미 엘리스 넛, 웅진지식하우스
《10대 놀라운 뇌 불안한 뇌 아픈 뇌》, 김붕년, 코리아닷컴

공부뇌를 깨우는 질문
"나는 왜 공부하는가"

공부를 잘하고 싶다면 가장 먼저 스스로에게 물어야 할 질문이 있습니다.

"나는 왜 공부하는가?"

이 질문은 누구도 대신해줄 수 없습니다. 주어진 공부를 수동적으로 하기보다는, 내가 공부해야 하는 이유를 스스로 찾아야 합니다. 바로 그 과정에서 공부에 대한 감정적 태도가 만들어지고, 이 감정이 뇌신경 연결에까지 영향을 미칩니다.

공부 이유는 감정적 동기를 만든다

공부에 분명한 이유가 생기면, 같은 공부를 해도 몰입도가 달라집니다. '왜 공부하는가'는 단순한 질문 같지만, 공부의 지속력을 결정하는 핵심 열쇠입니다. 지금 하고 있는 공부가 내 인생을 어떻게 바꿀 수 있는지, 또는 이 공부가 나에게 어떤 즐거움과 흥미를 줄 수 있는지를 진지하게 살펴보아야 합니다.

저는 학생 때 역사나 지리를 무척 싫어했습니다. 외울 게 많고 재미도 없었기 때문이죠. 그러다 보니 시험 점수도 낮아, 의미 없는 반복처럼 느껴졌습니다. 그런데 어른이 된 지금은 다릅니다. 다큐멘터리나 영화를 보면서 세계사의 흐름을 이해하게 되었고, 과거 사건들이 왜 일어났는지, 과거 사건들이 오늘날 세상과 연결된다는 사실을 알게 되자 역사는 흥미로운 과목이 되었습니다.

흥미와 의미, 재미가 생긴 공부는 뇌를 강하게 자극합니다.

억지로 하는 공부는 뇌의 저항을 만나지만, 내가 선택하고 감정적으로 준비된 공부는 뇌신경을 깊고 단단하게 연결시킵니다.

뇌신경 단백질인 크랩1은 뇌신경 연결을 돕지만, 크랩2는 브레이커를 걸어 크랩1의 작동을 방해합니다. 그런데 흥미·재미·의미 같은 긍정적 감정은 크랩2의 활동을 멈추게 하여, 뇌신경 연결이 더 활발하게 이루어지도록 만듭니다.

즉, 공부 이유가 분명해질수록 긍정적 감정이 생기고, 그 감정이 뇌를 더 잘 연결되게 만드는 것입니다.

공부의 이유는 스스로 찾아야 한다

모든 공부에는 나름의 이유가 있습니다. 하지만 그 이유는 누가 정해주는 것이 아니라 내가 찾아야 합니다. 단순히 '좋은 대학에 가야 하니까'보다, '나는 공부를 통해 이런 미래를 만들고 싶다'는 이유가 더 강력한 동기가 됩니다.

부모님의 인정을 받고 싶어서든, 내가 원하는 일을 하기 위해서든, 이유는 무엇이든 괜찮습니다. 중요한 건 내가 선택한 것이어야 한다는 점입니다.

이유가 분명해지면 감정적 태도가 달라지고, 뇌가 공부를 받아들이는 방식도 달라집니다. 크랩 단백질의 활동도 더 활발해지고, 뇌신경 연결이 더 강하게 이루어집니다. 억지로 하는 공부는 뇌가 싫어하지만, 내가 선택한 이유 있는 공부는 뇌가 좋아합니다.

다시 강조합니다. 왜 공부하는가는 반드시 스스로 찾아야 합니다. 그 이유가 공부를 지속시켜주는 에너지이며, 뇌신경 연결을 단단하게 만드는 기초입니다. '이유 있는 공부'가 진짜 공부입니다.

2부

공부뇌 만들기의 뇌과학

공부는 단순한 암기가 아니라
목표를 향해 뇌를 설계하는 과정입니다.
목표가 있으면 뇌는 자동으로 전략을 짜고,
습관을 만들고, 동기를 유지합니다.

여러분이 해야 할 일은 단 하나,
목표를 세우고, 스스로 선택한 그 목표를 향해
한 걸음씩 나아가는 것입니다.

동기
내 안에서 공부 이유를 찾아라

"공부할 이유를 찾는 순간, 공부는 의무가 아니라 힘이 된다."

- 플루타르크(고대 그리스의 철학자)

모든 행동에는 동기가 있습니다. 같은 행동이라도 '왜 하느냐'에 따라 실행의 힘이 달라지죠.

그렇다면 우리는 왜 공부해야 할까요?

공부 이유에 대해 자신만의 답을 가질 수 있다면, 공부는 단순한 숙제가 아니라 나를 위한 활동이 됩니다. 아직 명확한 이유가 없다면, 지금부터라도 만들어가면 됩니다.

동기는 크게 두 가지입니다.

어떤 행위의 이유가 행위 자체에 있다면 '내적 동기'입니다. 행위의 이유가 행위 자체가 아닌 다른 것이라면 '외적 동기'입니다.

예를 들어, 게임이 재미있어서 하는 건 내적 동기의 예입니다. 친구에게 자랑하려고 하거나 게이머가 되기 위해 한다면 외적 동기가 작용하는 것입니다.

공부 역시 마찬가지입니다. 대부분의 학생은 내적 동기와 외적 동기가 섞여 있는 상태로 공부합니다. 비율은 사람마다, 상황에 따라 다르고, 시간에 따라 변화하기도 합니다.

억지로 시작했지만 나중에 재미를 느끼는 경우도 있고, 반대로 처음에는 재미로 시작했지만 외부 목표가 더 크게 작용할 수도 있습니다.

중요한 건 우리의 뇌는 내적 동기로 움직일 때 가장 크게 변화한다는 것입니다. 도파민이라는 뇌신경 전달물질이 활발하게 분비되기 때문이죠. 도파민은 뇌신경 연결을 촉진하고, 학습 효과를 높여줍니다. 그래서 '하고 싶어서' 하는 공부는 그 자체로 뇌에 더 강한 영향을 줍니다.

동기의 구조: 자율감, 몰입감, 목적감

내적 동기를 만들려면 동기의 세 가지 구조, 즉 자율감, 몰입감, 목적감을 이해해야 합니다. 동기가 잘 생기지 않는 이유 대부분은 이 세 가지의 불균형에서 비롯됩니다.

1) 자율감 - '내가 선택했다'는 감각

자율감은 '내가 이 활동을 스스로 선택했다는 느낌'에서 나옵니다. 공부가 억지로 주어진 것이라 느껴질수록 내적 동기는 약해집니다. 반대로 내가 직접 계획하고, 과목이나 방법을 선택했다고 느낄수록, 즉 자율감이 강할수록 내적 동기는 강해집니다.

예를 들어, 오늘 목표를 스스로 정하거나, 공부 순서를 내가 결정하면 자율감이 높아지고, 공부가 조금은 더 내 것이 됩니다.

2) 몰입감 - '내가 해낼 수 있다'는 감각

몰입은 '적절한 도전' 앞에 있을 때 생깁니다. 너무 쉬우면 지루하고, 너무 어려우면 포기하게 되지요. 미션의 레벨과 나의 실력 레벨이 비슷해야만 도전감이 생기고, '해낼 만하다'는 몰입감이 생깁니다. '몰입해야지'라고 마음먹었다고 몰입할 수 있는 것은 아니라는 말입니다. 중요한 건, '할 수 있을 것 같다'는 감각입니다.

이를 위해서는 작은 목표, 미션형 공부가 필요합니다. 예를 들어,

- 10분 안에 문제 3개 풀기
- 숙제할 때 1개만 틀리기
- 오늘은 5문제만 정확히 풀기
- 30분 집중하기

이렇게 게임처럼 '깰 듯 말 듯'한 작은 미션으로 설정하면 몰입감이 생깁니다.

3) 목적감 - '이게 나에게 중요하다'는 감각

공부가 내 삶과 어떤 의미로 연결되어 있는가를 알면 목적

감이 생깁니다. 공부는 성적 향상을 위한 수단일 수도 있지만, 더 깊은 의미도 있습니다. 예를 들어,

- 원하는 진로에 다가가기 위한 과정
- 내 꿈을 이루는 과정
- 더 나은 선택지를 갖기 위한 힘
- 공부 그릇 자체를 키우는 일

지식은 시간이 지나면 일부 잊히지만, 공부하는 동안 뇌는 성장한다는 사실을 기억해야 합니다. 이 깨달음이 목적감을 더 크게 만듭니다.

여기서 중요한 점은 자율감, 몰입감, 목적감이 모두 '감感', 즉 '느낌'이라는 사실입니다. 즉 객관적인 기준이 아니라 주관적으로 세팅할 수 있는 세계라는 것입니다.

- 자율감은 누가 정해주는 게 아니라 내가 스스로 결정했다고 느끼는 것
- 몰입감은 나에게 맞는 난이도로 미션으로 만드는 것
- 목적감은 나의 삶과 연결 지으며 스스로 의미를 만드는 것

이 세 가지 감각은 스스로 찾아내고, 반복해 연습해야 길러집니다.

공부는 억지로 하기보다 내가 선택하고(자율감), 작게 도전하며(몰입감), 의미를 부여(목적감)할 때 조금씩 내 것이 됩니다.
자율감, 몰입감, 목적감을 갖춘 공부는 결국 내적 동기로 이어지고, 그 내적 동기야말로 가장 강력한 뇌의 성장 동력입니다.

내적 동기를 위한 자율감, 몰입감, 목적감 연습 워크지

1. **자율감 - 내가 스스로 선택한 목표와 계획**

   예시 반에서 2등 하기

   연습

   ____

2. **몰입감 - 해낼 수 있는 작은 도전으로 잘라 몰입하기**

   예시 **도전 크기 자르기:** 이번 학기는 5등 목표

   현재 과제로 자르기: 매일 수학 10문제 풀기 / 매일 영단어 20개 외우기

   / 안 풀리는 수학 문제 모아 주말에 다시 풀기

   연습 **도전 크기 자르기:**

   ____

   ____

   현재 과제로 자르기:

   ____

   ____

3. **목적감 - 이 공부가 나에게 중요한 이유**

   예시 수학은 내 머리를 좋게 하는 최고의 연습이다.

   수학·영어를 잘해야 원하는 대학에 간다.

   영어는 평생 자산이다.

   연습

   ____

   ____

목표①
목표를 향해 움직이는 뇌

1) 목표가 없는 공부는 떠도는 배와 같다

여러분은 왜 공부를 하나요? 성적을 올리기 위해? 좋은 대학에 가기 위해? 아니면 그냥 해야 하니까?

목표가 없는 공부는 방향을 잃은 배와 같습니다. 시험이 코앞에 닥쳐서야 공부를 시작하거나, 선생님의 지시대로 따라가기만 하는 공부는 결국 흐름에 휩쓸리는 공부가 됩니다. 바람이 부는 대로, 파도가 이는 대로 떠다니게 되는 거죠.

하지만 명확한 목표가 있으면 다릅니다. 폭풍우 치는 힘든 시기에도 '왜 공부해야 하는지'가 분명하기 때문에 중심을 잃지 않습니다. 지금 공부가 지루하고 어렵더라도, 목표가 분명하면 잠시는 흔들려도 다시 나아갈 수 있습니다. 목표가 공부의 중심을 잡아주는 역할을 합니다.

2) 목표는 뇌를 움직이는 설계도

뇌는 목적 없이 움직이지 않습니다. 테이블 위의 컵을 잡고 싶다는 '목표'가 생기면, 손은 자동으로 움직입니다. 손가락의 힘, 각도, 속도를 계산하지 않아도 자연스럽게 컵을 집게 되지요. 이것이 바로 무의식적으로 작동하는 '목표 기반 뇌 시스템'입니다.

공부도 마찬가지입니다. '중간고사 영어 90점 이상'이라는 목표가 생기면, 뇌는 이를 위해 관련된 지식, 기술, 전략을 끌어옵니다. 어떤 교재를 선택할지, 어떤 방식으로 공부할지, 어디에 시간을 더 투자할지 자동적으로 계산해 나갑니다. 목표를 세운 순간, 뇌는 공부라는 여정을 향해 길을 만들기 시작합니다.

3) 목표는 공부 뇌신경을 연결한다

목표가 세워지면, 뇌는 그 목표를 향한 연결 회로를 만들기 시작합니다. 목표를 이루기 위해 필요한 전략을 세우고, 관련된 지식과 기술을 익히는 과정이 곧 새로운 뇌신경 연결을 형성하는 것이죠.

예를 들어 '수학 점수를 올리겠다'는 목표를 세우면, 그 목표를 이루기 위해 수학 개념을 이해하고 문제를 해결하는 연습을 하게 됩니다. 이 과정에서 전략을 세우고, 새로운 지식을 배우며, 기술과 습관을 익히는 동안 관련 뇌신경 연결이 점점 강화됩니다.

이때 만들어지는 연결은 단순히 '지금의 목표'를 위한 것에 그치지 않습니다. **이 경험은 이후 다른 목표를 향할 때도 기반이 되는 소중한 연결 조각이 됩니다.** 전략을 세우고, 배우고, 실행하는 모든 과정이 쌓이면서 뇌신경망은 점점 더 풍성해지고, 사고력과 문제 해결력 또한 깊어집니다.

결국 목표는 단지 성취의 도착점이 아니라, 뇌를 성장시키는 가장 강력한 자극입니다.

4) 목표는 동기와 자율감을 키운다

진짜 효과적인 공부는 자기 안에서 우러난 목표에서 시작됩니다. 누가 시켜서 하는 공부와 내가 선택해서 하는 공부는 집중력과 지속력이 다르죠. 내가 정한 목표는 자율감을 높이고, 이 자율감은 내적 동기를 강화합니다.

‘나는 수학을 잘하고 싶다’, ‘나는 의사가 되고 싶다’, ‘나는 내가 좋아하는 걸 알고 싶다’는 식의 자기 목표는 뇌의 전전두엽을 활성화시켜 더 강력한 공부 동기를 만들어냅니다. 스스로 선택한 공부는 나를 주인공으로 만들어 줍니다.

5) 목표가 뇌의 최고사령관 전전두엽을 작동시킨다

공부 목표를 세우고, 그 목표를 향해 계획하고 실행하는 것은 뇌의 전전두엽에서 이루어집니다. 뇌의 최고사령관인 전전두엽은 목표를 세우고, 동기를 부여하고, 우선순위를 결정하고, 충동을 조절하는 역할을 합니다.

10대는 전전두엽이 활발히 성장하는 시기입니다. 이 시기에 목표 중심의 공부 습관을 기르면, 전전두엽이 잘 발달하며 자기 조절력과 자기 계획력이 함께 성장합니다.

6) 목표는 지금과 미래를 연결한다

‘지금 이 공부가 도대체 어디에 쓰이지?’라는 의문이 들 때가 있지요. 목표는 그 질문에 답을 줍니다.

‘나는 교사가 되고 싶다’라는 목표를 세운 친구는, 지금의 국어 공부가 단순히 점수를 위한 것이 아니라 ‘표현력과 논리력’을 키우는 과정으로 이해합니다. 목표가 있으면 공부는 단지 시험 목표는 목표는 현재와 미래를 잇는 단단한 실과 같아서, 그 실이 팽팽할수록 공부는 흔들리지 않고 앞으로 나아갈 수 있습니다.

목표를 세울 때 꼭 기억해야 할 다섯 가지

첫째, 구체적으로 정하기

'열심히 하겠다'는 목표는 의미가 없습니다. '하루 30분 단어 암기'처럼 행동으로 보이는 구체적인 목표여야 합니다.

둘째, 내가 선택한 목표일 것

부모님이나 선생님이 제시한 목표를 참고는 할 수 있지만, 끝까지 해내는 힘은 결국 내가 선택한 목표에서 나옵니다.

셋째, 작은 목표부터 시작하기

처음부터 '전교 1등' 같은 큰 목표는 포기하기 쉽습니다. '이번 시험에 반에서 5등'처럼 도달 가능한 작은 목표를 먼저 설정해야 합니다. 작은 목표를 하나씩 달성하면서 뇌는 성취 경험을 쌓고, 더 큰 목표로 나아갈 힘을 얻게 됩니다.

넷째, 목표는 바뀔 수 있다

처음에는 '좋은 성적'이 목표였지만, 공부하다 보면 '이과 진로', '심리학 공부'처럼 목표가 구체적으로 변할 수 있습니다. 괜찮습니다. 변화도 성장의 한 과정입니다.

다섯째, 지금 당장 목표를 못 이루어도 괜찮다

목표를 달성하지 못했다고 해서 실패는 아닙니다. 중요한 건 목표를 향해 나아가는 과정에서 뇌신경 연결이 강화된다는 점입니다. 이 연결이 쌓이면 다음 목표를 이룰 가능성은 훨씬 높아집니다.

공부는 단순한 암기가 아니라 목표를 향해 뇌를 설계하는 과정입니다. 목표가 있으면 뇌는 자동으로 전략을 짜고, 습관을 만들고, 동기를 유지합니다. 여러분의 뇌는 공부를 위해 이미 준비되어 있습니다. 이제 여러분이 해야 할 일은 단 하나, 목표를 세우고, 스스로 선택한 그 목표를 향해 한 걸음씩 나아가는 것입니다.

목표는 공부뇌의 엔진입니다.

목표②
목표를 잘게 쪼개라

"작게 나누어라. 그럼 무엇이든 이룰 수 있다."

- 헨리 포드(미국의 기업가)

큰 목표는
작은 조각들의 결과

"전교 1등이 되겠다", "수학 1등급을 받겠다", "책을 100권 읽겠다", 이런 목표들은 물론 멋지고 인상적입니다. 하지만 막상 실천하려고 하면 막막해지기 쉽습니다. 왜일까요?

목표가 너무 크기 때문입니다. 뇌는 크고 막연한 일 앞에서는 부담을 느끼고 움직이기를 멈춰버립니다. 그래서 중요한 것이 바로 '작게 쪼개기'입니다.

전교 1등이 되려면, 지금 당장 할 수 있는 수준으로 목표를 잘게 나누어야 합니다. 큰 목표는 결국, 수많은 작은 목표의 연결이라는 점을 기억해야 합니다.

지금 이 순간
최선을 다할 수 있는 크기까지 쪼개라

목표는 지금의 내가 움직일 수 있는 크기로 쪼개야 합니다. 예를 들어, '수학 1등급'이라는 목표가 있다고 해봅시다. 그 목표는 이렇게 쪼갤 수 있습니다.

- 수학 1등급 → 시험 전까지 문제집 2회독
- 문제집 2회독 → 하루 4쪽 풀기
- 하루 4쪽 풀기 → 지금부터 30분 집중해서 2쪽 풀기

이처럼 지금 당장 손을 댈 수 있는 수준까지 쪼개야 합니다. 그래야 뇌가 '할 수 있겠다'고 느끼고, 실제로 움직이기 시작합니다.

그런데 가끔 작은 목표를 가볍게 여기는 학생들이 있습니다. '이 정도 해봐야 뭐가 바뀌겠어?'라고 생각하는 거죠. 하지만 공부뇌를 만드는 데 있어 작은 목표에 집중하고 실행하는 태도는 매우 중요합니다.

공부란 반복 훈련을 통해 뇌신경을 연결하는 것입니다. 이때 중요한 것은 거창한 목표가 아니라 작은 목표의 꾸준한 실천입니다. 오늘의 작은 목표가 내일 다시 반복되고, 그것이 또 쌓여야 비로소 뇌 속 연결이 단단해지는 것이죠. **결국 공부뇌는 작은 목표들의 축적 위에서 만들어지는 것입니다.**

- 한 단어 발음을 정확히 듣는 목표
- 한 문장을 완전히 해석하는 목표
- 지문 없이 10초간 듣고 이해하는 목표

이런 작은 목표들이 실행되고 연결되면서, 영어 실력이 쌓이는 것입니다.

한 가지 더 잊지 말아야 하는 것은 목표를 작게 쪼개고, 그 작은 목표를 성취했을 때 그냥 지나가지 말고 자신을 칭찬해줘야 합니다. "드디어 해냈다!" "생각보다 잘했다!" 이런 성취감은 뇌에 긍정적인 자극을 주고, 다음 행동의 에너지가 되니까요.

이 과정을 반복하다 보면, 작은 성취에 기분 좋게 중독되기 시작합니다. **이것이 바로 건강한 공부 습관, 공부에 몰입하는 두뇌 회로를 만드는 과정입니다.** 파괴적이고 소모적인 중독이 아닌, 생산적이고 발전적인 중독인 셈입니다.

투두리스트: 작지만 강력한 무기

작은 목표를 실천하는 좋은 도구로 투두리스트To-do list를 추천합니다. 하루 동안 해야 할 일을 눈에 보이게 적고, 하나씩 지워가면 뇌는 성취감과 통제감을 얻게 됩니다. 중요한 것은 '정말 사소한 일도 적는 것'입니다.

- 국어 교과서 2쪽 읽기
- 수학 문제 3개 풀기
- 영단어 5개 쓰기
- 쉬는 시간 10분 걷기

이렇게 리스트에 올려놓고 실천하면, 작지만 강력한 변화가 시작됩니다. 작은 행동이 쌓이면 큰 흐름이 바뀝니다.

왜 목표가 의미가 있으며, 왜 목표를 이루어야 하는지 스스로가 납득하는 이유가 많을수록, 즉 절실할수록 목표는 힘을 갖습니다. 하지만 목표는 한 번에 이루어지는 법은 없습니다. 작은 목표로 쪼개야 실현할 수 있습니다. 지금 당장 실행할 수 있을 만큼 작게 만들어야 합니다. 작은 목표로 만들어 집중해서 해내고, 성취감을 느끼고, 그 기쁨을 맛보는 것이 중요합니다. 결과는 그 과정을 꾸준히 반복할 때 자연스럽게 따라옵니다.

목표 쪼개기 연습 워크지

1. 이번 학기 나의 목표는 무엇인가요?

> **예시** 수학 1등급 높이기
>
> **연습**

---

2. 그 목표를 실행 가능한 목표로 쪼개세요.

> **예시** 매일 수학 10문제 풀기 / 틀린 문제 모아 주말에 다시 풀기 / 킬러 문제
> 30분 몰입 집중으로 풀기
>
> **연습**

반복
뇌를 바꾸는 유일한 방법

"나는 1만 가지 기술을 한 번 연습한 사람을 두려워하지 않는다.
하지만 한 가지 기술을 1만 번 반복한 사람을 두려워한다."

- 브루스 리(홍콩의 무술가, 배우)

공부는 뇌를 변화시키는 반복 훈련

모든 뇌 변화의 기본은 '반복 자극'입니다. 반복은 뇌신경을 연결하고, 그 연결을 강화하며, 뇌 구조를 바꾸어 갑니다. 반복적인 공부는 뇌를 진짜로 변화시킵니다.

우리는 공부를 하며 지식이 늘었다고 느낍니다. 이는 뇌신경 연결이 변화했기 때문입니다. 눈에 보이지 않지만, 뇌 안에서는 확실한 변화가 일어나고 있습니다. 미세 현미경으로 뇌를 들여다보면, 공부를 하기 전보다 훨씬 단단하고 굵게 연결된 신경망을 볼 수 있습니다.

뇌 변화의 중심에 있는 것은 바로 '반복'입니다. 반복은 뇌신경을 연결하고, 기존 연결을 강화하고, 관련 뇌영역을 확장하고, 새로 태어난 아기 세포의 생존율을 높입니다.

첫째, 반복은 뇌신경을 연결한다

예를 들어, 영어 단어 apple을 처음 외울 때, 머릿속에서는 'a-p-p-l-e'라는 글자와 '사과'라는 이미지, 그리고 그 발음을 연결하는 작업이 일어납니다. 이때 처음에는 연결이 약합니다. 하지만 자꾸 외우고, 쓰고, 말하고, 문장 속에서 만나다 보면 뇌신경들이 서로 연결되기 시작합니다.

이런 연결은 '시냅스'라는 다리로 뇌신경과 뇌신경이 연결됩니다. 반복할수록 그 다리는 점점 더 굵어지고 단단해집니다. 결국 'apple'을 보면 바로 '사과'가 떠오르고, 문장 속에서 보아도 거부감 없이 이해하게 됩니다.

둘째, 반복은 기존 연결을 강화한다

반복은 단순히 '연결'만 만드는 것이 아니라 전달 속도와 정확도도 향상시킵니다. 뇌신경은 미엘린이라는 절연물질로 감싸지게 되는데, 반복 훈련이 많을수록 미엘린이 두꺼워져 정보 전달이 더 빨라지고 정확해집니다.

예를 들어, 수학 문제를 풀 때 처음에는 시간이 오래 걸리지만, 반복해서 유사한 문제를 풀다 보면 풀이 과정이 자연스럽게 떠오르고, 손이 먼저 움직입니다. 이게 바로 강화된 뇌 연결의 효과입니다.

셋째, 반복은 뇌영역을 확장한다

뇌는 자주 쓰는 영역을 점점 넓혀 갑니다. 마치 '땅따먹기 게임'처럼 자주 쓰는 쪽이 더 많은 땅을 차지하게 되지요.

한 실험에서 원숭이의 2, 3, 4번 손가락을 집중 훈련시켰더니, 해당 손가락을 담당하는 뇌영역이 넓어졌습니다. 마찬가지로 영어 듣기를 매일 꾸준히 반복한 학생은, 영어 소리를 처리하는 뇌영역이 실제로 커지고 반응 속도도 빨라집니다.

우리 뇌에는 매일 '아기 뇌세포'가 태어납니다. 하지만 이 세포들은 반복 자극을 받지 않으면 얼마 안 가 죽고 맙니다.

예를 들어, 새로운 수학 개념을 배운 뒤 반복하지 않으면, 해당 개념을 담당할 세포는 연결되지 못하고 사라집니다. 반면, 계속 복습하고 문제를 풀면 이 아기 세포는 기존 신경망에 연결되어 살아남고, 그 개념은 뇌 속에 자리 잡습니다.

그렇다면, 반복은 어떻게 해야 할까요?

1) 집중 반복한다

대충 한 번 보고 끝내면 효과가 없습니다. 짧은 시간이라도 집중해서 반복해야 합니다. 예를 들어, 영어 단어를 외울 때 눈으로만 보는 것보다, 5분의 짧은 시간이라도 소리 내어 읽고, 써보는 것이 뇌에 훨씬 강한 자극을 줍니다.

2) 간헐 반복한다

한 번에 몰아서 하는 것보다 여러 번 나누어 반복하는 것이 더 효과적입니다. 영어 단어를 외울 때, 같은 시간이라도 아침,

점심, 저녁 등으로 세 번에 나누어 보는 것이 한 번에 몰아서 보는 것보다 기억이 오래갑니다.

3) 꾸준히 반복한다

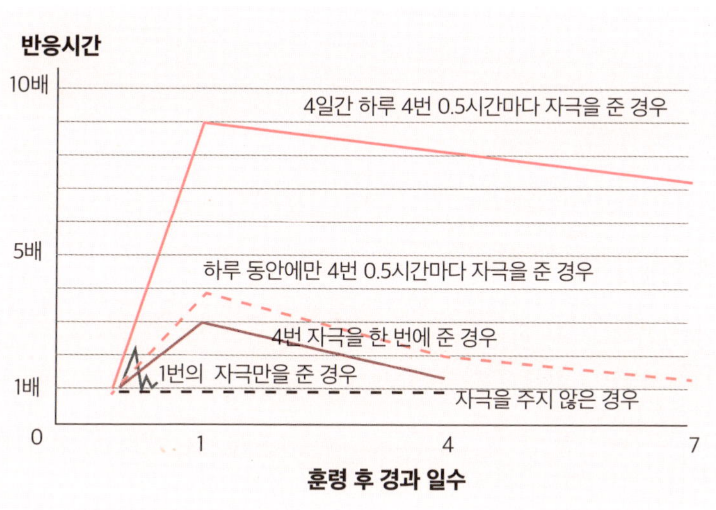

위 그래프를 보면, 한꺼번에 4번 자극하는 것보다 30분 간격으로 나누어 자극하는 것이 효과적이고, 4일간 하루 4번 30분마다 자극을 준 경우의 효과가 월등하다는 것을 알 수 있습니다. 즉,

- 하루에 4번 반복하되 → **매일**

- 30분 간격으로 반복하고 → **자주**

- 4일간 꾸준히 반복하는 것 → **꾸준히**

이처럼 매일, 자주, 꾸준히 반복하면 단기기억이 장기기억으로 전환되는 데 매우 효과적입니다.

4) 즐겁게 반복한다

억지로 반복하면 뇌는 금세 피로해집니다. 하지만 즐겁게 반복하면 감정이 자극되어 기억이 더 오래 남습니다.

예를 들어, 친구와 영어 단어 문제를 주고받으며 외우거나, 게임처럼 수학 문제를 푸는 방식은 뇌에 강한 자극을 줍니다. 즐거움은 뇌신경 연결을 강화하는 비밀무기입니다.

5) 업그레이드 반복한다

아는 것만 반복하면 뇌는 금세 지칩니다. 매번 조금씩 새로운 정보를 추가하며 반복해야 합니다. 예컨대, 이미 알고 있는 단어를 문장 속에서 다시 복습하고, 그 문장을 활용해 자기소개를 만들어보는 등, 한 단계씩 어려워지는 방식이 좋습니다.

공부는 반복을 통해 뇌를 설계하는 일입니다.

한 번, 두 번, 열 번, 스무 번, 이렇게 반복할 때마다 조금씩, 여러분의 뇌는 바뀌고 있습니다. 지금 외우는 단어 하나, 푸는 문제 하나가 여러분 뇌 속의 신경망을 연결합니다.

공부는 반복이고, 반복은 뇌를 바꿉니다.

반복 연습 워크지

다음은 영단어 반복 연습의 예입니다.

1. 반복 시스템 만들기

모르는 단어 모으기 → 단어장

공책에 세로줄을 그어, '단어(왼쪽) / 뜻, 예문(오른쪽)' 적기

한쪽 가리고 떠올리기로 외우기

2. 단어장을 하루에 2~3번 보기

자투리 시간 활용: 버스 시간 / 잠자기 전 / 화장실 등

3. 1주일 후 떠올려지지 않는 단어는 따로 표시하여 관리하기

연습 아래에 내가 반복해서 익히고 싶은 내용을 정해 적어보세요. 위의 예시를 참고해,

① 반복이 필요한 내용을 고르고

② 나에게 맞는 반복 방법을 정한 뒤

③ 하루에 언제, 몇 번 반복할지까지 구체적으로 적습니다.

집중

능동 집중만이 뇌를 움직인다

뇌는 '집중한 것만' 기억한다

고릴라 실험이라 불리는 유명한 주의력 실험이 있습니다.

화면에 여섯 명이 등장합니다. 흰옷을 입은 사람 세 명과 검은옷을 입은 사람 세 명이 서로 공을 주고받습니다. 실험자는 이렇게 지시합니다.

"흰옷을 입은 사람들이 공을 몇 번 패스하는지 세어보세요."

사람들은 집중해서 횟수를 셉니다. 대부분 정확히 맞춥니다.

그러고는 그다음 질문이 이어집니다.

"혹시 고릴라를 보셨나요?"

놀랍게도, 많은 사람들이 고릴라를 보지 못했다고 답합니다. 하지만 화면을 다시 보면 '고릴라 옷을 입은 사람이 사람들 사이를 걸어가며 가슴을 두드리는 장면'이 분명히 나옵니다. 눈을 뜨고 있었지만, 집중이 다른 곳에 있었기 때문에 보지 못한 것입니다.

이 실험은 우리에게 중요한 사실을 알려줍니다. 뇌는 우리가 '주의를 준 것'만 받아들인다는 것입니다. 아무리 눈앞에 있어도 집중하지 않으면 뇌는 그것을 기억하지 못합니다. 오랫동안 책상에 앉아 있다고 공부가 되는 것이 아닙니다. 집중해야만 뇌에 저장됩니다.

1) 집중은 뇌를 바꾼다

집중은 단순히 '좋은 습관' 이상의 의미를 갖습니다. 집중은 실제로 '뇌를 바꾸는 행위'입니다.

뇌과학자 에릭 캔델은 쥐에게 공간을 학습시키는 실험을 했습니다. 그냥 무심히 걷기만 한 쥐는 머릿속 공간지도가 금세 사라졌습니다. 하지만 새로운 공간을 이곳저곳 주의 깊게 탐험하며 걸었던 쥐는 뇌 속에 공간지도가 며칠 동안이나 안정적으로 남아 있었습니다.

그 이유는 도파민 때문입니다. **도파민은 집중할 때 분비되는 신경전달물질로, 뇌신경을 더 잘 연결되게 해주는 역할을 합니다.** 특히 해마와 같은 기억을 저장하는 뇌 부위에 도파민이 도달하면, 크랩 단백질이 더 많이 생성되고, 뇌신경 연결망이 더 단단하게 엮입니다.

결국 같은 공부를 해도, 누가 더 집중했는지에 따라 뇌 안에서는 완전히 다른 일이 벌어집니다. 집중한 사람은 뇌신경 연결이 튼튼하게 만들어지고, 그렇지 않은 사람은 남는 게 거의 없습니다.

2) 집중은 훈련이다

집중력은 타고나는 것이 아닙니다. 훈련으로 키울 수 있습니다.

처음에는 1분도 집중하기 어렵지만, 매일 조금씩 연습하다 보면 2분, 3분, 나아가 30분, 1시간 이상 집중하는 힘이 생깁니다. 집중은 근육과 같습니다. 자주 써야 강해지고, 써보지 않으면 약해집니다.

집중을 훈련하는 데 가장 좋은 방법 중 하나는 '작게 조각내기'입니다. 예를 들어, 문제집 한 권을 끝내야 한다면, 그것을 '10분 동안 3문제 풀기'처럼 작고 구체적인 미션으로 나누는 것입니다. 이때 미션의 크기는 너무 어렵지도, 너무 쉽지도 않게, '도전하면 이길 수 있을 것 같은 크기'가 가장 좋습니다.

3) 자발적 집중 vs 비자발적 집중

심리학자 윌리엄 제임스는 집중에는 두 종류가 있다고 했습니다. 바로 자발적 집중과 비자발적 집중입니다.

비자발적 집중은 소리, 빛, 움직임 같은 외부 자극에 자동으로 주의가 쏠리는 것입니다. 예를 들어, 갑자기 큰 소리가 나면 고개를 돌리게 되죠. 반면 자발적 집중은 내가 선택해서 집중하는 것입니다. 예를 들어, 주변이 시끄러워도 책 한 권에 집중하는 것은 자발적 집중입니다.

중요한 점은 자발적 집중만이 뇌를 바꾼다는 것입니다. 전두엽이 도파민을 분비하게 만들고, 이 도파민이 뇌의 여러 영역을 활성화하면서 신경망을 더욱 단단하게 만들어줍니다. 의지를 가지고 집중할 때만 뇌가 강력하게 변합니다.

4) 멀티태스킹은 없다

우리는 동시에 두 가지 일을 해내는 '멀티태스킹'을 자주 한다고 생각합니다. 그러나 뇌과학에서 보면, 뇌가 두 가지 일을 동시에 의식적으로 다루는 것은 거의 불가능합니다. 우리가 멀티태스킹이라고 생각하는 대부분은 사실 '과제 전환'일 뿐입니다.

책을 읽으면서 휴대폰 메시지를 보거나, 영화를 보면서 문제집을 푸는 것은 각각의 집중력이 떨어지고, 뇌의 에너지 소모만 커집니다. 공부할 때는 여러 가지를 동시에 하려 하기보다, 하나의 과제에 집중할 때 뇌가 가장 높은 효율을 냅니다.

물론 무의식적인 행동과 의식적인 행동은 동시에 가능합니다. 예를 들어, 걷기나 자전거 타기 같은 자동화된 활동을 하면서 생각하는 것은 가능합니다. 하지만 공부처럼 고도의 인지 활동을 하는 일은 반드시 하나에만 집중해야 합니다.

집중력을 높이는 실천 팁

집중력은 습관과 환경에서 기르기도 합니다. 다음의 실천 전략을 추천합니다.

1) 충분한 수면

잠을 잘 자야 해마가 학습할 수 있도록 준비를 합니다.

2) 규칙적인 운동

유산소 운동은 뇌의 혈류를 좋게 만들어 집중력을 끌어올립니다. 주 4~5회 이상의 운동은 집중력을 올려줍니다.

3) 공부의 의미 찾기

뇌는 중요한 일에 집중하려고 합니다. 공부가 나의 미래에 왜 중요한지를 깨달아야 집중할 수 있습니다.

4) 집중력 연습하기

5분이라도 자주 집중하는 연습을 하면 집중력은 길러집니다. 나중에는 몇 시간도 집중할 수 있습니다. '나는 집중력이 부족해'가 아니라 '집중은 훈련이다'라고 믿으세요.

5) 작은 목표 설정

큰 목표를 작게 쪼개서, 도전 가능한 수준의 미션으로 만들어보세요. 너무 어렵지도 너무 쉽지도 않은 크기로 만들어야 집중도가 올라갑니다.

과목별 집중 전략

1) 수학은 사고력 훈련에 초점

수학 공부를 할 때는 무엇에 집중해야 할까요? 수학 공부의 핵심은 생각입니다. 수학은 사고력 훈련입니다. 정답을 빨리 찾기보다, 문제를 붙잡고 생각하는 데 집중하세요. 문제를 풀기 위해 바둥거릴 때가 사고력의 뇌신경 연결망이 단련되는 때입니다.

2) 영어는 이해력에 초점

영어 공부를 할 때는 어떨까요? 읽는 동안에는 글의 내용을 파악하는 것에 집중해야 합니다. 글이 의도하는 의미가 무엇인지를 아는 것에 집중해야 합니다. 단어 하나하나보다는 전체 문장의 의미, 글의 흐름과 주제에 집중하세요.

3) 국어는 핵심 파악에 초점

글쓴이가 말하는 요점이 무엇인지를 파악하는 것이 국어 공부의 기본입니다. 글쓴이가 말하고자 하는 핵심을 찾는 데 집중하세요. 핵심을 파악하기 위해 어휘공부가 필요하고, 정확하게 읽는 연습이 필요합니다.

결과가 아니라
과정에 집중하라

집중을 방해하는 가장 큰 요소 중 하나는 '결과에 대한 집착'입니다. 시험 점수, 등수 같은 결과만 생각하면 불안하고 초조해집니다. 그럴수록 집중은 깨지고 공부가 어려워집니다.

공부할 때는 오직 '지금 내가 해야 할 일'에만 집중하세요. 성적 등의 결과는 현재의 집중이 만들어냅니다. 결과는 예측하기 어렵지만, 내가 집중한 만큼 좋은 확률을 만들어냅니다.

공부는 뇌의 연결입니다. 뇌는 '집중한 만큼' 변합니다.

지금 내가 하고 있는 작은 것에의 집중이 여러분의 뇌를 바꾸고, 미래의 가능성을 연결합니다.

지금, 단 하나에만 집중해보세요. 그 순간이 쌓여서, 여러분의 공부뇌가 완성됩니다.

집중하기 연습 워크지

1. **오늘 내가 집중할 한 가지는 무엇인가요?**

> **예시** **집중 대상**: 수학 12번 킬러 문제
> **연습** **집중 대상**:

---

2. **집중 목표 시간은?**

> **예시** **목표 시간**: 30분 이상
> **연습** **목표 시간**:

---

3. **구체적인 집중 방법은?**

> **예시** 5분 단위로 잘라 집중하기 / 끝나면 다시 5분 연장 / 6번 반복 = 30분
> **연습**

4.. **집중한 시간은 몇 분인가요? 그리고 집중도는?**

> **예시** **집중 시간**: 25분 → 문제가 풀림
> **집중도**: 문제 집중도 90%
> **연습** **집중 시간**:
>
> **집중도**:

선택
시간을 제한하고 우선순위를 정하라

"할 일은 많다. 그러나 가장 중요한 일은 늘 하나다."

- 게리 켈러(미국, 기업가)

공부를 잘하려면 '선택'이 필요합니다. 왜냐하면 우리의 시간과 노력은 한정되어 있기 때문입니다. 무엇을 할지, 무엇에 집중할지를 정하는 것은 '선택'이 아니라 '필수'입니다. 공부든 운동이든 중요한 것을 골라 집중해야 성과가 생깁니다.

선택 = 시간 제한 + 우선순위 설정

선택은 막연한 고민이 아니라, 시간이라는 자원을 '제한'하고 그 안에서 '우선순위'를 정하는 과정입니다. 선택 과정을 보여주는 예를 하나 들어보겠습니다.

① 1년 동안 하고 싶은 10가지 목표를 적는다.

② 그중에서 가장 중요한 1가지를 고른다.

③ 그 목표를 이루는 데 필요한 10가지 일을 적는다.

④ 그중 지금 당장 실행할 수 있는 1가지를 선택한다.

⑤ 그 1가지를 바로 실행한다.

이 방법은 자기계발 전문가 브라이언 트레이시의 '목표 실현법'을 바탕으로 한 것입니다. '목표 설정 → 분해 → 우선순위 결정 → 실행'으로 이어지는 강력한 전략입니다.

시간, 노력, 돈은 무한하지 않습니다. 그래서 자원을 제한할수록 오히려 뇌는 집중하게 됩니다. 마음이 흐트러지지 않도록, 가장 중요한 목표에 집중해야 합니다. 큰 목표도 결국, 지금 당장 할 수 있는 작고 분명한 일부터 시작해야 합니다. 그 작은 실천을 꾸준히 반복하면서 목표에 다가가야 합니다. "천릿길도 한 걸음부터"이라는 말이 있습니다. 거창한 비법이 있는 게 아니라, 지금 내가 해야 할 한 가지에 집중하는 것이 유일한 비법입니다. 그리고 그 한 가지를 반복하는 것입니다.

선택의 기준:
이 일은 목표에 가까워지는가?

공부든 인생이든, 지금 해야 할 일을 선택할 때 이런 질문을 던져보세요.

- **이 일은 내가 정한 중요한 목표에 가까워지는 일인가?**

- **이 일은 지금 내가 집중해야 할 가장 중요한 일인가?**

선택은 단순히 '할 일'을 고르는 것이 아닙니다. 선택은 지금의 목표에 더 가까이 다가서는 행동이며, 동시에 선택하지 않은 것들을 과감히 내려놓는 과정까지 포함합니다. 지금 할 수 있는 한 가지에 전심을 다하는 것이 선택입니다.

브라이언 트레이시의 '목표 실현법'

아래는 브라이언 트레이시가 제시한 '목표 실현법'을 예시로 만든 것입니다.

1) 1년 동안 이루고 싶은 목표 10가지

- 바둑 3급
- 게임 레벨 4 만들기
- 수학 경시대회 입상
- 반장 되기
- 노래 배우기
- 영어책 10권 읽기
- 반에서 5등 하기
- 피아노 배우기
- 수영 접영 배우기
- 여행 가기

2) 가장 중요한 목표 1가지 선택

- 반에서 5등 하기

3) 이 목표를 이루기 위한 10가지 실행 항목

- 수학 문제 매일 풀기
- 예습 복습하기
- 목표를 적고 매일 보기
- 꾸준하게 독서하기
- 독서실 등록하기
- 영어 공부하기
- 한 등급씩 올리기
- 공부법 공부하기
- 부족한 과목 학원 등록하기
- 게임 시간 줄이기

4) 지금 당장 할 수 있는 것 1가지 선택

- 수학 문제 매일 풀기

5) 즉시 실행

- 등교하여 자리에 앉자마자 수학 문제 20분 동안 풀기

이처럼 실행 가능하도록 작게 쪼개고, 지금 할 수 있는 것을 결정한 후, 바로 실천하는 것이 핵심입니다. 이 과정을 반복하면, 목표를 향해 가는 전전두엽의 뇌 회로도 함께 발달하게 됩니다.

시험공부에도 선택과 집중은 필수

시험공부도 마찬가지입니다. 공부할 시간과 내용을 정확히 파악하고, 목표 점수를 설정한 뒤, 중요한 영역부터 선택하여 집중해야 합니다.

예를 들어, 합격이 목표라면 핵심 영역부터 익히고, 최상위권 성적이 목표라면 핵심+지엽(덜 중요한 부분)까지 모두 익히는 전략이 필요합니다.

시험공부는 시간 관리가 중요합니다. 주어진 시간 안에서 어떤 영역부터 공부할 것인지 선택하고, 그 선택을 믿고 집중해야 합니다.

선택은 필수입니다.

시간이라는 자원을 제한하고, 중요한 것을 먼저 정하세요.

지금 당장 실천할 수 있는 것부터 시작하세요.

목표 설정과 실행을 반복하면, 공부뇌도 함께 자라납니다.

1.   1년 동안 이루고 싶은 목표 10가지를 적으세요.

---

2.   가장 중요한 목표 1가지 선택하세요.

---

3.   이 목표를 이루기 위한 10가지 실행 항목을 적으세요.

4. 지금 당장 할 수 있는 일 1가지를 선택하세요.

____

5. 즉시 실행하세요.

____

성공 경험

뇌에는 성공 경험이 필요하다

"자기효능감은 성취 경험을 통해 가장 강력하게 길러진다."

- 밴두라(캐나다의 심리학자)

공부든 운동이든, 성장을 위해서는 세 가지 고리가 잘 돌아야 합니다. 바로 '노력 → 성취 → 칭찬(뿌듯함)'의 순환입니다.

- **노력:** 시간을 쓰고, 에너지를 투자합니다.

- **성취:** 노력한 결과로 작은 목표를 달성합니다.

- **칭찬:** 스스로 뿌듯해하고, 때로는 주변에서 인정받습니다.

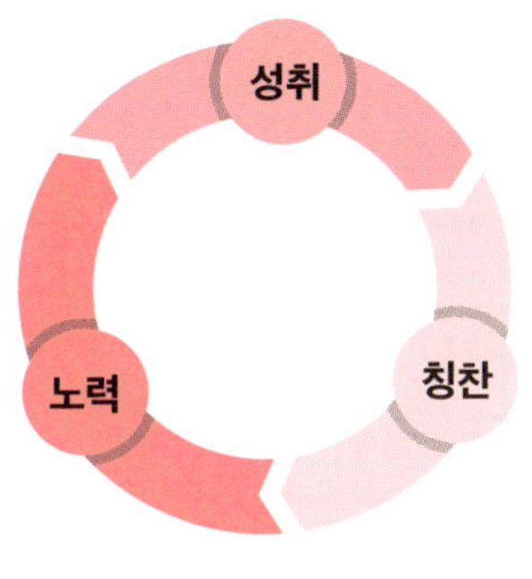
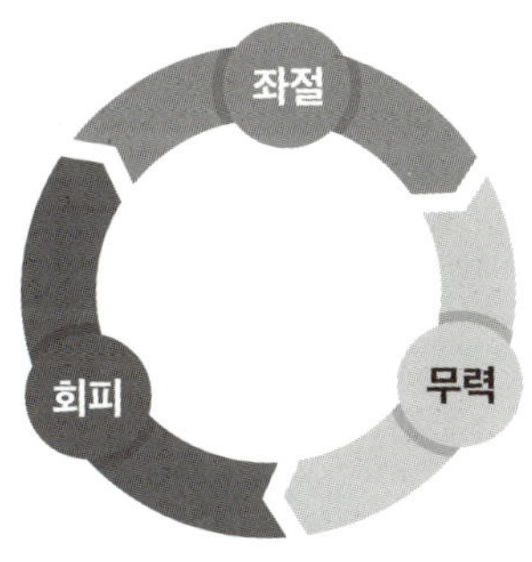

'노력 → 성취 → 칭찬'의 순환　　　　'회피 → 좌절 → 무력'의 순환

이 고리가 한 번 작동하면, 다시 노력할 힘이 생깁니다. 그리고 점점 더 큰 성취를 향해 나아가게 됩니다.

작은 고리의 힘

중학생 준호는 그림을 좋아합니다. 매일 조금씩 그림을 그리다가, 어느 날 선생님에게 "그림에 소질이 있다"는 칭찬을 듣습니다. 준호는 뿌듯함을 느끼고, 더 자주 그림을 그리게 됩니다. 실력이 오르고, 더 큰 성취를 맛보면서 그림은 준호의 중요한 활동이 됩니다.

이렇게 '노력 → 성취 → 칭찬'의 고리가 계속 돌아가면, 그 경험은

더 큰 도전에도 영향을 줍니다. 다른 영역에서도 '나도 하면 된다'
는 자신감이 생기는 것이죠.

자아효능감:
내가 하면 할 수 있다는 믿음

스탠퍼드 대학교 심리학자 앨버트 밴두라 교수는 '자아효능
감self-efficacy'이라는 개념을 제시했습니다. 그는 이렇게 말합니다.

"자신이 세상에 영향을 미칠 수 있다고 믿는 사람은 시작한
일을 성공적으로 마칠 가능성이 높다."

밴두라 교수는 공포증 치료 실험에서 이 효과를 확인했습니
다. 무서워서 도저히 못할 것 같은 일을 작은 단계로 쪼개어 하
나씩 성공하게 만들었더니, 그 경험이 단순한 공포 극복을 넘어
서 삶 전반에 긍정적인 변화를 가져왔습니다. '내가 하면 할 수 있
구나'라는 믿음이 생긴 것이죠.

공부도 마찬가지입니다. 큰 목표를 바로 달성하려 하지 말
고, 쪼개서 하나씩 성공하는 경험을 반복하다 보면 '하면 할 수

있구나'라는 믿음이 생기고, 결국에는 목표를 달성할 수 있습니다.

뇌는 성공 경험을 필요로 한다

이렇게 뇌는 성공 경험을 저장하고, 다음 행동의 연료로 씁니다. 이 경험이 쌓이면, 더 어려운 도전에도 망설임이 줄어듭니다.

성공 경험을 만드는 방법은 두 가지입니다.

1) 작은 성취를 자주 경험하기

하루 10분 집중 공부, 단어 5개 외우기, 오늘 수학 문제 3개 풀기처럼 작은 성공을 반복합니다.

2) 큰 성취를 진하게 경험하기

시험에서 목표 등급 달성, 발표에서 좋은 평가 받기처럼 강렬한 성취를 느끼는 순간을 만듭니다.

지금 필요한 작은 목표를 세우고(예: 영어 단어 10개 외우기) →
그 목표를 달성하면 스스로 칭찬합니다. (예: "잘했어! 오늘은 계획
지켰네.") → 이 과정을 반복합니다.

작은 고리가 쌓이면, 어느 순간 '나도 하면 된다'는 믿음이
만들어집니다. 이 믿음이 결국, 공부뇌를 성장시키는 가장 강력
한 원동력이 됩니다.

성공 경험 연습 워크지

1. **오늘의 작은 목표는 무엇인가요?**

예시 수학 문제집 2쪽 풀기

연습

---

2. **실행한 방법은 무엇인가요?**

예시 핸드폰을 서랍에 두고, 30분 동안 집중해서 문제를 풀었다.

연습

---

3 **성취 결과를 적으세요.**

예시 두 문제가 어려웠지만, 끝까지 다 풀고 해설까지 확인했다.

연습

---

4. **나의 칭찬, 뿌듯한 느낌 한 줄**

예시 "나도 집중하면 할 수 있네! 생각보다 빨리 끝냈다."

연습

운동
운동을 하면 성적이 올라간다

"운동은 뇌세포를 위한 가장 좋은 비료다."

- 존 레이티 (미국, 하버드 의대 정신의학자)

식물에
뇌가 없는 이유

식물은 뇌가 없습니다. 왜 그럴까요? 움직이지 않기 때문입니다. 뇌는 움직임을 위해 존재합니다. 동물은 움직여야 살아남기 때문에 뇌가 필요하지만, 움직이지 않는 식물은 뇌가 없어도 됩니다.

멍게는 뇌와 움직임의 관계를 보여주는 재미있는 동물입니다. 멍게는 뇌가 필요한 시기와 필요하지 않은 시기를 갖습니다. 유충의 시기에는 뇌를 갖고 있습니다. 바다를 헤엄치는 등 움직임이 필요한 시기이기 때문이죠. 하지만 성충이 되면 멍게는 바위에 붙어 생활하여 더 이상의 움직임이 필요 없는 상태가 됩니다. 움직임이 없게 되니 뇌도 필요 없게 되고요. 그래서 멍게는 유지에 많은 에너지가 필요한 기관인 뇌를 소화해버립니다.

동물의 뇌는 움직임이 활발할 때 발달하도록 세팅되어있습니다. 인간의 뇌도 움직여야 뇌가 발달합니다. 움직이지 않으면 뇌도 필요 없습니다. 반대로, 뇌를 발달시키고 싶다면 반드시 몸을 움직여야 합니다.

운동은 왜
공부에 도움이 될까?

하버드 의대 정신과 의사 존 레이티 교수는 《운동화 신은 뇌》에서 다음과 같이 말합니다.

"운동은 학습 능력을 끌어올리는 최고의 방법이다."

책에서 저자는 미국 네이퍼빌 센트럴 고등학교의 '0교시 체육수업'을 소개하는데요. 매일 0교시에 학생들은 1.6km를 달립니다. 결과는 어땠을까요? 읽기 능력은 17% 상승하고, 전국 하위권이었던 학업 성취도에서 과학은 1위, 수학은 6위로 수직 상승했다고 합니다.

운동은 각성, 집중도를 올리고 의욕을 향상시킵니다. 또 뇌신경 연결을 강화하고, 해마의 줄기세포가 기존 회로에 잘 융합되도록 돕습니다.

캘리포니아 대학의 신경과학자 페르난도 고메즈 피니야 교수는 운동이 뇌에 미치는 영향을 이렇게 설명합니다. "운동할 때 분비되는 BDNF(신경성장인자)는 뇌세포를 증식시키고, 뇌신경 연결을 강화하는 특효약이다." 삼성병원의 나덕렬 교수는 "운동은 뇌를 따뜻하게 덥혀줍니다."라며 운동의 뇌 효과를 설명합니다. 뇌에 따뜻한 온기를 주어 변화를 이끈다는 것이지요.

《몰입》의 저자 황농문 교수도 운동의 중요성을 강조합니다. "먼길을 가야 하는 공부의 여정에 지치지 않고 머리를 쓰려면 운동, 특히 심장이 뛰고 땀이 나는 운동을 하루 30분 정도 하라"고 조언합니다.

운동이 공부뇌에 주는
6가지 효과

이제는 상식이 되어버린 운동. 하지만 아는 것과 실행하는 것에는 간극이 있지요. 꼭 운동하는 시간을 확보해야 합니다. **특히 공부하는 뇌를 위해서 운동은 필수입니다.** 운동은 다양한 방법으로 뇌의 활성화를 돕습니다.

1) 혈류개선

뇌로의 혈류를 개선하여 산소와 영양분을 효과적으로 공급합니다.

2) 신경 성장 촉진

뇌 속 뇌신경 성장인자인 BDNF를 분비하여 뇌신경의 성장을 촉진하고, 뇌세포의 연결을 강화합니다. 그 결과 학습과 기억 능력이 향상됩니다.

3) 신경전달물질의 조절

세로토닌, 도파민, 노프에피네프린 등 신경전달물질의 분비를 조절하여 기분을 조절하고, 스트레스 감소를 돕습니다.

4) 스트레스 감소

스트레스 호르몬인 코티졸을 낮추어 뇌의 스트레스 저항성
을 높입니다.

5) 우울증 예방과 치료

운동은 뇌 속 새로운 뇌신경 생성을 촉진하여, 우울증 예방
및 치료에 도움을 줍니다.

6) 인지기능 향상

뇌의 전반적인 인지기능을 향상시킵니다. 집중력, 작업기억
력 등 뇌의 전반적인 인지 수준을 높입니다.

공부는 뇌를 물리적으로 바꾸는 일입니다. 뇌는 몸이지요.
정신은 실제 몸에서 나옵니다. 몸을 건강하게 만드는 것이 중요
합니다. 공부뇌를 위해서도 운동이 꼭 필요합니다.

운동 연습 워크지

1.   내가 좋아하는 운동은?

____

____

____

2.   지금 하고 있나요?
     하고 있다면: 어떻게 하고 있나요?

____

____

____

3.   하고 있지 않다면:
     1주일 3회 기준으로 실행 계획을 적어보세요.

____

____

____

수면이 공부인 이유

1. 잠 자는 동안 '망각'이 멈춘다

공부를 해도 시간이 지나면 기억이 흐릿해지는 이유는, 새로운 정보가 기존 기억을 덮어쓰기 때문입니다. 하지만 수면시간에는 외부 자극이 차단되어 기억이 안정화됩니다.

심리학자 칼 달렌바흐Karl Dallenbach와 존 젠킨스John Jenkins는 에빙하우스의 망각곡선을 연구하던 중 이상한 현상을 발견했습니다. 보통은 시간이 지날수록 기억이 계속 약해지지만, 잠을 자는 구간에서는 망각곡선이 거의 내려가지 않고 멈춰 있었던 것입니다.

두 학자는 이 구간이 바로 수면 시간대임을 알아냈습니다. 깨어 있을 때는 새로운 정보가 계속 들어와 기억을 방해하지만, 잠을 자는 동안에는 오히려 기억이 안정적으로 유지된 것이죠.

2. 잠자는 동안
뇌는 '복습'한다

매튜 윌슨Matthew A. Wilson과 브루스 맥노튼Bruce L. McNaughton 박사는 쥐의 뇌를 관찰했습니다.

쥐가 낮에 미로를 돌아다닐 때 활성화된 해마(기억을 담당하는 부위)의 신경세포들이, 잠자는 동안 똑같은 순서로 다시 발화한다는 사실을 발견했습니다. 즉, 뇌는 잠자는 동안 낮에 배운 내용을 20배 빠른 속도로 반복 재생하고 있었던 겁니다.

사람의 뇌도 마찬가지입니다. 수면 중 해마가 낮 동안 배운 내용을 반복하면서, 기억을 장기기억으로 바꾸는 '복습 회로'를 돌립니다. 잠자는 동안에도 뇌는 열심히 공부하고 있는 셈이죠.

3. 깊은 잠은 뇌를
'청소'하고 공부 효율을 높인다

잠에는 얕은 잠(비렘 1~2단계)과 깊은 잠(비렘 3~4단계), 그리고 꿈을 꾸는 렘수면 단계가 있습니다.

특히 깊은 잠 단계에서는 뇌 속 노폐물을 제거하는 '글림프 시스템'이 활발하게 작동합니다. 깨어 있을 때 쌓인 독성물질(예: 베타아밀로이드)은 집중력과 기억력에 나쁜 영향을 줍니다. 하지만 충분한 깊은 잠을 자면 이 물질이 제거되어, 다음날 더 맑은 두뇌로 공부할 수 있게 됩니다. 잠은 뇌를 '리셋'하는 가장 과학적인 방법입니다.

4. 꿈꾸는 수면은
창의력과 통찰을 깨운다

잠의 후반부에 찾아오는 렘REM수면에서는 눈동자가 빠르게 움직이고, 꿈을 많이 꿉니다. 이때 뇌는 낮 동안 배운 정보를 서로 연결하며 새로운 조합을 만들어냅니다. 그래서 렘수면은 '통찰의 시간'이라 불립니다.

실제로 에디슨은 낮잠을 자면서 쇠구슬을 손에 쥐었다가 떨어지는 순간 깨어 통찰을 기록했다고 합니다. 아인슈타인, 벤젠 구조를 발견한 케쿨레, 신경전달물질을 발견한 뢰베도 모두 잠 속에서 아이디어를 얻었습니다. 하버드대 얀 본 연구팀의 실험에서도, 문제를 풀고 잠을 잔 그룹이 2배나 더 빨리 정답(통찰)을 찾았다고 합니다.

즉, 수면은 단순히 기억을 유지하는 데 그치지 않고, 새로운 생각을 만들어내는 창의적 공부 시간이기도 합니다.

5. 수면은 '감정'과 '집중력'을 회복시킨다

잠을 못 자면 감정 조절이 어려워지고, 사소한 일에도 짜증이 납니다. 수면 부족 상태에서는 전두엽(집중, 판단, 계획 담당) 기능이 떨어지고, 편도체(감정 담당)가 과활성화되기 때문입니다.

잠을 충분히 자면 전두엽이 다시 정상적으로 작동하면서 집중력과 감정의 균형이 회복됩니다. 즉, 수면은 뇌의 컨디션을 회복시키는 '감정 안정기'이자 '집중력 부스터' 역할을 합니다.

잠자는 뇌는
게으른 뇌가 아니다

많은 학생들이 될수록 잠을 줄여 공부하려 합니다. 잠 자는 시간 동안 뇌 역시 잠든다고 생각하는 것이지요. 하지만 뇌과학은 잠의 효능에 대해 좀 다르게 말을 합니다. 잠을 자는 동안 뇌는 배운 것을 되새기고, 정리하고, 정착시키고, 새로운 연결을 만든다는 것입니다.

잠은 공부의 '휴식'이 아니라 공부의 '연장'입니다. 하루 7~8시간의 수면은 단순한 쉼이 아니라, 뇌가 공부하는 시간입니다.

나의 잠 습관 알아보기 워크지

1. **보통 잠자리에 드는 시간은?**

시

2. **일어나는 시간은?**

시

3. **평균 총수면 시간은?**

시간

4. **잠자기 전 주로 하는 일은?**

□휴대폰 사용　　　□공부　　　□독서　　　□일기 쓰기

□다음날 계획　　　□음악 듣기

□ 기타:

5. **더 좋은 수면을 위해 바꾸고 싶은 습관은?**

3부

공부뇌 만들기 전략 5단계

[1단계] 목표뇌: 큰 목표 그리고 작은 목표

[2단계] 약점뇌: 내 약점을 알아야 성적이 오른다

[3단계] 실행뇌: 작은 과제를 끝까지 밀어붙여라

[4단계] 피드백뇌: 내 공부는 약점을 개선하고 있는가

[5단계] 반복뇌: 성적을 올리는 반복의 기술

그런데 이 전전두엽은 저절로 발달하지 않습니다.

수학을 많이 하면 수학을 담당하는 뇌 영역이 강화되듯,

전전두엽도 '계획을 세우고, 실행해보고, 반성하고,

다시 계획을 세우는 과정'을 반복해야 강화됩니다.

[1단계] 목표뇌
큰 목표 그리고 작은 목표

큰 목표,
마음을 흔드는 한 장의 사진처럼

공부를 잘하기 위한 첫걸음은 '목표 설정'입니다. 목표는 단순히 생각으로만 그리는 것이 아니라, 실제로 내 마음을 움직일 수 있어야 합니다. 그러기 위해서는 크게 그리고 감정을 자극하는 이미지로 그려야 합니다.

목표는 감정을 흔들어야 힘이 생깁니다. '좋은 대학 가야지',

'시험 잘 봐야지' 같은 말만으로는 충분하지 않습니다. 눈을 감고, 내가 진짜 원하는 장면을 상상해봅니다. 예를 들어, 목표한 대학에 합격해 부모님이 기뻐하는 모습, 내 이름이 적힌 합격 통지서를 들고 환하게 웃는 모습을 떠올립니다. 그 장면이 마치 한 장의 사진처럼 생생해야 합니다. 그 이미지가 마음 깊이 새겨질 때, 공부할 힘이 생겨납니다.

목표는 말이 아니라 '마음의 사진'이 되어야 합니다. 감정이 살아 있는 사진이 될수록, 나의 뇌는 그 이미지를 현실로 만들기 위해 움직입니다.

지금 이 순간의
한 발짝

그러나 큰 목표만으로는 충분하지 않습니다. 우리에게 실제 힘을 주는 것은 '지금 이 순간의 한 발짝'입니다. 아무리 높은 산이라도 결국은 한 발짝씩 올라야 정상에 도달할 수 있습니다.

그래서 큰 목표를 세웠다면, 이제는 그 목표를 작게 쪼개야 합니다. '오늘은 단어 10개만 외우자', '오늘은 교과서 한 쪽만 읽자'처럼 당장 실행할 수 있는 작은 목표를 만들어야 합니다. 작지만 실천 가능한 목표를 세우고 실천을 쌓아가는 것이 뇌에 강력한 동기를 만들어 줍니다.

① 큰 목표로 설레고,

② 작은 목표 실행으로 뿌듯함을

느껴야 합니다. 이 두 가지를 함께 가져가야 공부는 계속될 수 있습니다.

목표는
스스로 만드는 것이다

목표는 누가 정해주는 것이 아닙니다. 스스로 만들어야 하고, 반복해서 되새겨야 합니다. 중요한 것은 감정을 움직이는 목표입니다. 그 목표를 매일 떠올리고, 상상하고, 가슴에 새기며, 반복하는 것입니다.

목표는 감정적으로 와닿는 이미지여야 합니다.
반복적으로 목표를 상상하며 내 삶의 중심에 놓아야 합

니다.

그렇게 뇌에 새겨야 진짜 '공부의 동력'이 됩니다.

만약 목표가 흐릿하게 느껴진다면, 아직 감정이 부족한 것입니다. 그럴 때는 더 선명하고 설레는 이미지를 다시 만들어보세요. 그리고 마음속에 쨍하게 새기세요.

지금, 당신의 목표 이미지는 어떤 모습인가요?

그 이미지를 보면 가슴이 뛰나요?

공부하고 싶어지나요?

그렇다면, 당신은 이미 목표뇌 세팅을 시작한 것입니다.

목표뇌 만들기 연습 워크지

큰 목표: 원하는 대학 합격

뇌에 새기기 (VAK 기법)

V(visual 보이도록) : 캠퍼스를 거니는 모습

A(auditory 들리도록) : 합격입니다! / 부모님의 웃음소리 / '최고다' 칭찬

K(kinesthetic 느껴지도록) : 뿌듯함 / 자랑스러움 / 세상을 얻은 느낌

1. 위의 예시를 참고하여 나의 큰 목표를 써보며 머릿속에 이미지를 그려보세요.

큰 목표:

____

____

뇌에 새기기 (VAK 기법):

____

V :

____

____

A :

____

____

K :

____

____

[2단계] 약점뇌
내 약점을 알아야 성적이 오른다

**최종 목표에서 출발하는
약점 분석**

공부는 뇌신경을 연결하는 활동입니다. 공부를 하면 할수록 새로운 지식과 기술이 뇌 속에 입력되고, 이들이 연결되면서 '공부뇌'가 만들어집니다. 그런데 공부를 효과적으로 하기 위해서는 명확한 약점 분석이 필요합니다.

① 먼저 왜 공부를 해야 하는지, 어떤 목표를 이루고 싶은지를 생각합
니다.

② 그런 다음 그 목표에 비춰볼 때 내가 지금 부족한 점, 즉 약점 덩어리
가 무엇인지 파악합니다.

약점을 분석할 때는 반드시 내가 이루고자 하는 최종 목표를 중심으로 생각해야 합니다. 단순히 '영어 공부를 해야겠다'가 아니라, 어떤 영어 능력을 갖추고 싶은지를 분명히 해야 합니다. 즉 영어 공부를 하는 나의 최종 목표를 분명히 해야 합니다. 예를 들어, '수능 영어를 잘 보겠다'와 '소설을 영어 원서로 읽겠다' 혹은 '토플 점수를 올리겠다'는 전혀 다른 목표입니다. 따라서 필요한 능력도, 약점도 달라집니다.

만약 영어 독해를 잘하고 싶은 것이 목표라면, 어떤 종류의 글을 어떤 속도로 이해하고 싶은지를 먼저 설정해야 합니다. 교과서인가요? 소설인가요? 이런 목표에 따라 강화해야 할 약점 덩어리가 달라집니다.

예를 들어, 수능 영어가 목표라면 빠르고 정확한 해석 능력이 중요하고, 내신이 목표라면 교과서 지문을 꼼꼼히 이해하고, 세부 내용까지 기억하는 능력이 더 필요합니다.

예전에 저는 영어 강의를 의뢰받은 적이 있습니다. 외국인을 상대로 한두 시간 정도의 강의였는데, 어디서부터 준비해야 할지 막막했습니다. 영어 문장을 말로 만들어 본 적이 거의 없었기 때문입니다.

그때 저의 목표는 '영어로 두 시간 강의하기'였습니다. 그래서 '표현 영역'을 키우는 것이 중요하다고 판단했고, 그중에서도 저의 약점은 단어와 단어를 연결하는 능력이라고 분석했습니다. 단어를 몰랐던 게 아니라, 문장을 만들지 못했던 것이죠.

이처럼 목표를 명확히 하면 내 약점도 분명해집니다. 그리고 그 약점을 보완하는 방향으로 공부하면 뇌신경 연결이 훨씬 빠르게 만들어집니다. 실제로 저는 이후 영어 표현 능력을 집중적으로 훈련했고, 지금은 원활하게 말로 표현할 수 있는 수준이 되었습니다.

하지만 여기서 끝이 아닙니다. 지금은 다시 목표가 바뀌었습니다. 영어 소설을 자유롭게 읽고 싶고, 영화를 자막 없이 보고 싶은 생각이 들었습니다. 원활한 의사소통이 가능해지니, 다른 목표가 생긴 것이죠. 이렇게 목표 달성은 또 다른 목표를 불러옵니다.

이렇게 새로운 목표가 생기자, 또 다른 약점이 보이기 시작했습니다. 영어의 소리를 정확하게 듣지 못하고, 긴 문장을 빠르게 이해하지 못한다는 점입니다. 이 두 가지가 새로운 '약점 덩어리'로 드러난 것이죠.

그래서 지금은 '음소 하나하나를 정확히 듣는 훈련'과 '빠르고 정확한 독해 훈련'을 계획하고 있습니다. 이런 방식으로 목표에 따라 내 약점을 다르게 분석하고, 뇌신경 연결을 위한 전략을 세우는 것이 공부의 핵심입니다.

공부의 약점과
시험의 약점은 다르다

여기서 한 가지 더 살펴봐야 할 점은, 공부의 약점과 시험의 약점은 좀 다르다는 것입니다.

공부의 약점이란 내가 배우고자 하는 지식이나 기술에서 부족한 부분을 말합니다. 즉, 내가 원하는 능력을 키우기 위해 보완해야 할 것이 약점입니다.

하지만 시험에서는 출제자가 원하는 지식과 기술을 중심으로 약점을 분석해야 합니다. 내가 원하는 게 아니라, 시험에서 요구하는 능력에 초점을 맞춰야 하는 것이죠.

시험은 입력한 '지식과 기술'을 시험 볼 때 적절하게 꺼낼 수 있어야 합니다. 단지 아는 것만으로는 안 됩니다. 제한된 시간 안에 빠르고 정확하게 꺼낼 수 있어야 점수가 나옵니다.

그렇다면 시험에서 필요한 약점을 어떻게 알 수 있을까요? 바로 기출문제에 답이 있습니다. 기출문제에는 출제자가 중요하게 생각하는 지식과 기술이 고스란히 담겨 있습니다. 어떤 문제 유형이 자주 나오는지, 어떤 내용이 반복되는지를 살펴보면, 내가 집중해야 할 약점 덩어리를 분명하게 알 수 있습니다.

예를 들어 수능을 준비한다고 생각해봅시다. 이때 교과서의 모든 내용을 처음부터 끝까지 다 보는 것보다, 기출문제를 먼저 살펴보는 것이 훨씬 효율적입니다. 그러면서 자주 출제되는 유형을 파악하고, 그중에서 반드시 맞춰야 하는 쉬운 문제를 먼저 정리합니다. 이렇게 쉬운 문제를 정리해 두면, 남은 조금 어려운 문제를 집중적으로 공략할 수 있습니다. 이처럼 기출문제를 통해서 쉬운 문제와 어려운 문제를 구분해 접근하는 것이 약점을 효율적으로 강화하는 방법입니다.

기출문제는 단순히 문제를 푸는 것이 아니라, 시험에서 나를 떨어뜨릴 수 있는 약점을 찾고 메워가는 도구입니다. 5개년 치 정도를 살펴보면 시험의 핵심이 보입니다. 자주 나오는 문제는 거의 똑같이 반복되기도 하고, 그만큼 중요도가 높습니다. 이 부분을 먼저 공부하는 것이 공부뇌의 효율을 높이는 길입니다.

지식과 기술의 뇌신경 연결

한 가지 더 이해해야 할 것은 '지식'과 '기술'의 구분입니다. 즉 지식과 기술은 연결 방식이 서로 다릅니다. 단순히 내용을 아는 것(지식)과, 그 내용을 실제 문제 상황에서 활용하는 것(기술)은 서로 다른 뇌 회로가 작동합니다.

지식은 반복만 잘하면 뇌에 연결되기 쉽습니다. 예를 들어, '피타고라스의 정리 공식은 $a^2+b^2=c^2$'이라는 정보는 반복해서 외우면 금방 기억됩니다.

하지만 기술은 다릅니다. 기술은 배운 지식을 실제로 써먹으면서 훈련해야 생깁니다. 예를 들어 영어 단어를 아는 건 지식이지만, 긴 문장을 빠르게 읽고 해석하는 건 기술입니다. 수학 공식을 아는 건 지식이지만, 그 공식을 써서 문제를 풀어내는 건 기술입니다.

그래서 국어, 영어, 수학처럼 기술 중심 과목은 단순 암기만으로 성적을 올리기 어렵습니다. 내가 어떤 부분에서 막히는지 약점을 정확히 찾고, 반복해서 연습해야 실력이 붙습니다.

- 공부는 반복 훈련을 통한 뇌신경 연결입니다.
- 약점은 내 목표에서 출발하여 분석해야 합니다.
- 시험은 출제자의 눈으로 약점을 분석해야 합니다.
- 기출문제는 가장 확실한 약점 분석 도구입니다.
- 지식과 기술은 다르고, 기술은 반복 훈련이 더 중요합니다.

공부의 시작은 약점 찾기에서부터입니다. 그 약점을 연결하고 반복하면, 공부뇌는 반드시 성장합니다.

약점뇌 만들기 연습 워크지

1. 이번 학기에 달성해야 할 나의 목표는?

> **예시** **나의 목표:** 영어 1등급
>
> **연습** **나의 목표:**

---

2. 그 목표를 이루기 위해 꼭 필요한 능력은?

> **예시** 단어 / 독해력 / 배경지식 / 추론력 / 빠르게 읽기 능력
>
> **연습**

---

3. 목표 달성을 막는 나의 약점은 무엇인가요? (구체적으로)

> **예시** 시험 시간 내 지문 해석 안 됨 / 어려운 지문 해석 어려움 / 지문 속 모르는 단어 많음
>
> **연습**

---

4. 약점 중 하나를 선택하고, 보완 방법을 적으세요.

> **예시** **약점:** 시험 시간 내 지문 해석 안 됨
>
> **약점 강화:** 직독직해 연습 / 단어장에 모르는 단어 모으기 / 자투리 시간에 자주 보고 외우기
>
> **연습** **약점:**
>
> **약점 강화:**

[3단계] 실행뇌
작은 과제에 집중해
끝까지 밀어붙인다

**목표는 작게 쪼갤수록
뇌가 실행하기 쉽다**

목표는 큰 것과 작은 것이 있습니다. 즉 '큰 목표'는 '작은 목표'로 조각낼 수 있습니다. 예를 들어 '국어 1등급 달성'을 큰 목표라고 한다면, 이 목표를 이루기 위해서는 작은 단위로 나누어 다양한 국어 지식과 기술을 익혀야 합니다. 수학도 마찬가지입니다. 사고력, 함수, 확률과 통계 등 수많은 조각을 익혀야 수학 시험을 잘 볼 수 있습니다.

결국, 큰 목표를 이루기 위해서는 그 목표를 잘게 나누어 작게 실행하는 과정이 꼭 필요합니다. 그러기 위해선 '큰 그림'을 먼저 그리고, 그 그림을 실현하기 위한 실행 계획이 반드시 따라야 합니다.

목표 실행의 사령탑, 전전두엽

우리 뇌의 앞부분, 이마 바로 뒤쪽에는 '전전두엽'이라는 뇌 영역이 있습니다. 전전두엽은 뇌 속의 사령탑이라고 불리며, 나라로 치면 대통령과 같은 역할을 합니다. 전전두엽은 계획을 세우고, 집중력을 조절하며, 유혹을 참는 억제력도 조절합니다. 즉, 목표를 향해 나아가기 위해 꼭 필요한 기능들을 담당하는 곳이죠.

그런데 이 전전두엽은 저절로 발달하지 않습니다. 수학을 많이 하면 수학을 담당하는 뇌 영역이 강화되듯, 전전두엽도 '계획을 세우고, 실행해보고, 반성하고, 다시 계획을 세우는' 과정을 반복해야 강화됩니다.

즉, 작은 목표라도 스스로 세우고, 그것을 해보려고 애쓰는 과정에서 전전두엽은 점점 강해집니다. 물론 실패할 수도 있습니다. 하지만 실패한 경험조차도 뇌 안에 중요한 연결로 남습니다. 중요한 것은 '계속 계획하고 실행해보는 것'입니다.

계획하고, 실행하고, 다시 돌아보기

공부를 잘하기 위해서는 '목표 → 계획 → 실행'이라는 기본 사이클을 계속해서 돌려봐야 합니다. 처음에는 잘 안 될 수 있습니다. 하지만 목표를 작게 나누고, 할 수 있는 만큼 실행해보고, 다시 점검하는 과정을 반복하면 어느 순간, 이 흐름이 익숙해집니다. 이 훈련을 계속하다 보면 뇌가 점점 실행에 익숙해지고, 실력도 올라갑니다.

예를 들어 수학 시험이 이틀 남았는데, 앞부분 개념만 하루 종일 공부한다면 전체 시험 범위를 소화하지 못하게 됩니다. 이 것은 '시간'이라는 자원을 잘못 배분한 경우입니다. 그래서 먼저 전체 시험 범위를 파악하고, 어느 부분에 얼마나 시간을 쓸지 계획을 세우는 것이 중요합니다. 계획이 있어야 실행이 효과적이 되겠죠.

그리고 실행 후에는 반드시 다시 돌아보는 시간이 필요합니다. 내가 세운 계획이 현실적이었는지, 어떤 부분에서 막혔는지, 시간을 더 효율적으로 쓸 방법은 없었는지를 점검하면 다음 계획이 더 정교해지고, 실행의 질도 높아집니다.

'오늘의 목표'가 가장 중요하다

목표에는 여러 가지 크기가 있습니다. 평생 목표, 5년 목표, 1년 목표, 한 달 목표, 주간 목표, 그리고 오늘의 목표.

이 중에서 가장 중요한 것은 '오늘의 목표'입니다. 왜냐하면 아무리 거창한 목표도 결국 오늘의 실행을 통해 이루어지기 때문입니다.

그래서 전날 저녁 또는 아침에 그날 '해야 할 일 목록'을 작성하는 습관을 가지는 것이 좋습니다. 일의 크기에 상관없이 해야 할 일을 모두 적고, 그중에서 1~5분 안에 끝낼 수 있는 가장 작은 일부터 처리해봅니다. 이때 생기는 '작은 성취감'은 뇌에 긍정적인 자극을 줍니다. 그 기분을 스스로 기뻐하고 칭찬해주는 것도 중요합니다.

그다음, 큰 목표들은 시간을 기준으로 쪼개봅니다. 예를 들어 30분 동안 단어 암기를 한다거나, 1시간 동안 수학 문제 5개를 푼다는 식으로 미션을 구체적으로 나눕니다. 그리고 그 시간 동안 전력을 다해 집중합니다. 미션을 완수한 뒤, 할 일 목록에서 체크해 나가는 과정은 실행력과 자신감을 동시에 키워줍니다.

실행을 반복하면
뇌는 달라진다

작은 목표를 정하고, 그것을 실현하려고 노력하는 하루하루는 단순한 공부가 아닙니다. 뇌 안의 전전두엽을 훈련시키고, 실행력을 강화하며, 실패에 좌절하지 않고 다시 시도하는 뇌 구조를 만들어가는 과정입니다. 목표 달성도 중요하지만, 그보다 더 중요한 것은 '도전하고, 실행하는 뇌'를 만드는 것입니다.

성공적인 실행은 처음부터 완벽하게 되는 것이 아닙니다. 하지만 매일 조금씩 시도하고, 실패하더라도 다시 시도하면서 우리는 점점 '실행하는 사람'으로 성장하게 됩니다. 실행이 쌓이면 성취는 반드시 따라오게 됩니다.

실행뇌 만들기 연습 워크지

1. **목표: 나의 주간 목표를 적어보세요.**

   예시 **이번 주 목표:** 영어 교과서 15~18과 공부, 단어장 만들기

   연습 **이번 주 목표:**

   ____

   ____

   ____

2. **계획: 주간 목표를 위한 오늘의 실행 계획은 무엇인가요?**

   오늘의 목표: 15과를 직독직해하며 모르는 단어 모으기

   연습 **오늘의 목표:**

   ____

   ____

   ____

3. **실행: 오늘 실행한 것은 무엇인가요?**

   실행: 모르는 단어 모으기 / 자투리 시간에 외우기

   연습 **실행:**

   ____

   ____

   ____

[4단계] 피드백뇌
약점을 개선하고 있는가

실력을 높이는 핵심 도구,
피드백

공부를 잘하려면 반드시 피드백 구조가 필요합니다. 피드백은 '내가 잘하고 있는지, 무엇을 보완해야 하는지를 알려주는 시스템'입니다. 지식을 이해하고 외우는 것도, 기술을 익히는 것도, 피드백 없이는 제대로 성장할 수 없습니다. 약점을 보완하는 연습인지를 명확하게 알 수 있어야 의미 있는 연습이 됩니다. 피드백이 없는 연습은 오히려 잘못된 방법을 반복하게 하여 실력 향상을 방해할 수도 있습니다.

지식은 이해와 암기를 통해 습득하는 영역으로, 내가 이해했는지 외웠는지 바로 확인할 수 있어 피드백이 쉽습니다. 반면 기술은 문제 해결, 글쓰기, 말하기처럼 훈련이 필요한 영역이라 피드백이 쉽지 않고, 그렇기 때문에 객관적인 피드백 구조가 꼭 필요합니다. 이런 피드백을 통해 지식이 확장되고, 기술이 업그레이드될 때 비로소 공부뇌는 성장합니다.

이해는 '설명'으로, 암기는 '인출'로 피드백한다

지식을 잘 익혔는지를 확인하는 가장 좋은 방법은 간단합니다. 이해했는지 확인하고 싶다면, 누군가에게 설명해보세요. 설명이 막힘없이 자연스럽게 된다면 이해한 것입니다. 옆에 사람이 없다면 혼잣말로 설명해도 좋고, 강아지나 인형을 상대로 해도 좋습니다.

암기했는지 확인하고 싶다면, '인출'을 해보세요. 책이나 노트를 보지 않고 말하거나 써보는 것이 인출입니다. 눈으로 보고 외우는 것만으로는 부족합니다. 머릿속에서 정보를 꺼내보는 훈련이 반복될수록 암기력은 강해집니다.

틀린 문제로 피드백 루틴 만들기

문제 풀기도 좋은 피드백 방법입니다. 문제를 풀면서 내용의 이해도와 암기 정도를 파악할 수 있습니다. 이때 틀린 문제가 스승이지요. 문제를 틀렸을 때 좌절할 필요가 없습니다. 오히려 틀린 문제는 실력을 높일 수 있는 최고의 기회입니다. **왜 틀렸는지 분석하고, 다시 풀고, 제대로 이해하고 외우는 과정이 바로 실력 향상의 핵심입니다.**

특히 기출문제에서 틀린 문제는 더 중요합니다. 다시 출제될 가능성이 높고, 틀린 문제는 또 틀릴 확률도 높기 때문에 반드시 이해하고 암기해서 '내 지식'으로 만들어야 합니다. 시험지를 분석하고 틀린 문제에 표시를 해두고, 주기적으로 다시 풀어보는 피드백 루틴을 만드는 것이 좋습니다.

수학, 사고력을 키우는 최고의 훈련

사고력은 단순히 아는 것이 아니라, 생각한 과정을 점검하고 수정하는 힘입니다. 이 능력은 저절로 생기지 않습니다. 자신의 생각이 맞았는지, 어디에서 어긋났는지를 확인하고 고칠 수 있는 피드백 환경이 있어야 사고력은 자랍니다.

수학은 이런 피드백이 가장 분명하게 작동하는 과목입니다. 수학 문제에는 정답이 있기 때문에, 내가 한 사고 과정이 옳았는지 틀렸는지를 바로 확인할 수 있습니다. 맞았다면 그 사고 흐름이 옳았다는 걸 확인할 수 있고, 틀렸다면 어느 지점에서 생각이 잘못되었는지를 되짚어볼 수 있습니다. 이 과정 자체가 사고력을 훈련하는 핵심이고, 그래서 수학은 사고력을 키우는 최고의 연습장이라 말할 수 있습니다.

중요한 건, 문제를 많이 푸는 게 아니라 틀린 이유를 점검하고, 다시 생각해보는 것입니다. 틀린 문제를 그냥 넘어가거나 답만 확인하면, 사고는 자라지 않습니다. 반대로 왜 틀렸는지, 어떤 생각이 불필요했는지, 어떤 판단이 부족했는지를 다시 생각해보는 순간, 뇌는 새로운 연결을 만듭니다.

피드백이 있는 실패는 사고력을 키우는 재료입니다. 답을 바로 보지 말고, 한 번 더 고민하고, 다른 방법으로 다시 풀어보세요. 그때 뇌는 가장 적극적으로 움직이고, 사고력은 가장 빠르게 성장합니다.

영어, 피드백 구조로 훈련하자

영어도 피드백이 가능한 구조를 만들어야 실력이 빠르게 늘어납니다.

1) 영작(말 만들기)

한국어 문장을 영어로 바꾸어 쓰고, 정답과 비교해보며 피드백합니다. 틀린 문장을 고쳐가며 정확한 문장을 만들어내는 연습이 중요합니다.

2) 회화(말하기)

원어민과 대화를 하면 가장 강력한 피드백이 발생합니다. 내가 말한 영어가 상대에게 제대로 전달됐는지를 확인할 수 있기 때문입니다. 원어민과 직접 대화의 기회가 적거나 없다면, 온라인 화상 회화나 영어 동아리, 영어 수업 등을 활용하면 좋습니다. 영어로 자주 말할 수 있는 환경을 만드는 것이 중요합니다.

3) 리스닝(듣기)

발음을 제대로 듣고 그대로 따라 해보는 '쉐도잉 Shadowing' 훈련은 매우 효과적입니다. 원어민처럼 들을 수 있으려면, 원어민처럼 말해보는 연습이 필요하기 때문입니다. 듣고 따라 말하는 과정에서 즉각적인 피드백이 이루어지는 것이 쉐도잉의 강점입니다.

피드백이 잘 작동하는 구조는 다음과 같은 특징을 가집니다.

- 내가 무엇을 잘했고, 무엇을 잘못했는지를 즉시 알 수 있다.
- 실수를 바로 수정할 수 있다.
- 반복할수록 실력이 눈에 띄게 좋아진다.

이런 피드백 구조 안에서 연습하면, 공부한 시간에 비례하여 실력이 빠르게 올라갑니다. 피드백 없는 공부는 마치 눈 가리고 달리는 것과 같습니다. 매일의 공부에서 어떻게 점검하고 보완할지를 스스로 설계하는 능력을 키워야 합니다. 그것이 진짜 자기주도 학습이며, 뇌를 강하게 키우는 전략입니다.

피드백뇌 만들기 연습 워크지

1. **이번 학기 목표는 무엇인가요?**

   예시 **목표:** 영어 1등급

   연습 **목표:**

   ____

   ____

2. **그 목표를 작은 목표로 쪼개보세요.**

   예시 **작은 목표:** 단어 실력 향상 / 빠른 해석

   연습 **작은 목표:**

   ____

   ____

   ____

3. **작은 목표를 실행하며 피드백하세요.**

   예시 **피드백 :** 단어장을 만들어 가리며 외웠는지 확인 / 직독직해 연습하며
   내용이 이해되는지 확인

   연습 **피드백:**

   ____

   ____

   ____

[5단계] 반복뇌
성적을 올리는 반복의 기술

반복이 답이다

공부란 결국 필요한 지식과 기술을 익히는 과정입니다. 시험은 내가 얼마나 잘 익혔는지를 평가하는 시간이지요. 그런데 이 지식과 기술을 뇌에 완전히 저장하고 사용할 수 있게 만드는 데에는 한 가지 원리가 작동합니다. 바로 반복입니다.

반복은 공부에서 가장 중요한 핵심 전략입니다. 반복이 없다면 공부한 내용은 금세 사라집니다. 반복은 뇌신경 연결을 강화하고, 장기기억으로 전환되게 해주는 유일한 방법입니다.

여러분은 "공부는 엉덩이로 한다"는 말을 들은 적이 있을 것입니다. 이것은 곧, 오래 앉아 집중해서 반복하는 시간이 실력을 만든다는 뜻입니다. 공부를 잘하고 싶다면 반복의 양, 즉 '얼마나 많이, 얼마나 자주' 반복했는지를 점검해야 합니다.

지식과 기술의 불꽃을 지켜야 한다

지식과 기술을 뇌에 새기는 과정을 비유하자면, 불꽃을 피우는 것과 같습니다. 불꽃이 처음 피어올랐을 때는 뜨겁고 활활 타오르지만, 연료를 주지 않으면 금방 꺼집니다. 공부도 마찬가지입니다. 어떤 내용을 열심히 공부했다고 해도, 시간이 지나면 점점 기억이 사라집니다. 이것이 바로 '망각'입니다.

그래서 우리는 불꽃이 완전히 사그라지기 전에 다시 연료를 넣어줘야 합니다. 즉, 적절한 시기에 다시 복습하고 반복해야 합니다. 공부에서 반복은 단순히 많이 하는 것이 아니라, '꺼지기 전에 지펴주는' 전략입니다.

심리학자 에빙하우스는 인간의 기억이 얼마나 빨리 사라지

느지를 실험을 통해 밝혔습니다. 그 결과, 우리는 공부한 지 1시간이 지나면 절반 이상을 잊는다는 사실이 드러났습니다. 그래서 공부 후 빠르게 복습하는 것이 중요합니다. '예습-학습-복습'의 반복 학습 사이클은 뇌의 불꽃을 유지하기 위한 매우 효과적인 전략입니다.

집중 반복과
간헐 반복의 조합

처음 배울 때는 '집중 반복'이 필요합니다. 짧은 시간 안에 여러 번 반복함으로써 뇌가 해당 정보를 '중요한 정보'라고 인식하도록 만들어야 합니다. 이렇게 해서 기억을 장기기억으로 바꾼 뒤에는, '간헐 반복'이 중요합니다. 일정 간격을 두고 다시 꺼내 보는 연습을 하면서, 불꽃이 꺼지지 않게 유지하는 것입니다.

집중 반복으로 기억을 새기고, 간헐 반복으로 기억을 지키는 것, 이것이 공부의 핵심 전략입니다.

시험을 앞두고는 모든 지식과 기술의 불꽃이 가장 활활 타오르는 상태여야 합니다. 이것을 위해서는 '시험 직전'에 집중 복습이 필요합니다. 최고 불꽃을 만들기 위해 관리를 해야 합니다. 적어도 시험 하루 전까지는 모든 내용을 점검하고, 이해하고, 암기하고, 인출할 수 있는 상태로 만들어야 합니다.

지식과 기술, 단권화로 관리하자

반복을 하려면 관리가 되어야 합니다. 불꽃을 하나하나 따로 따로 관리하는 것은 어렵습니다. 그래서 필요한 것이 '단권화'입니다. 단권화란, 중요한 개념과 문제들을 한 권에 모아 정리하는 것을 말합니다(4부 단권화 참고). 단권화는 복습과 반복의 속도를 빠르

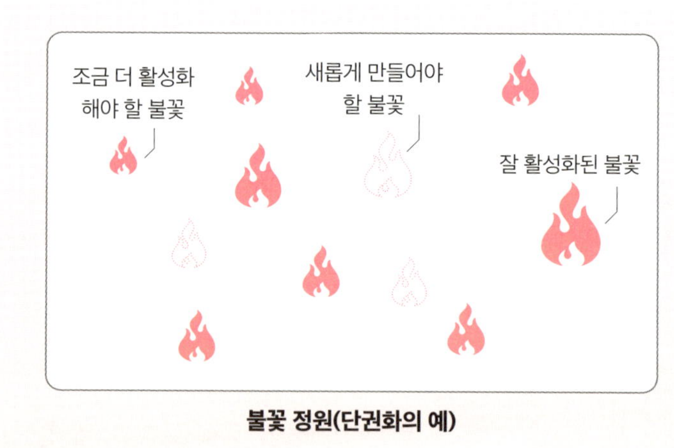

불꽃 정원(단권화의 예)

게 해줍니다.

앞의 '불꽃 정원' 그림은 단권화의 예입니다. 한 권에 '잘 활성화된 불꽃', '조금 더 활성화해야 할 불꽃', '새롭게 만들어야 할 불꽃'이 모여 있다면, 관리하기가 훨씬 쉽습니다.

반복은 속도가 중요합니다. 반복해야 할 정보가 여기저기 흩어져 있으면 복습의 흐름이 끊깁니다. 하지만 단권화된 교과서나 노트가 있다면, 필요한 지식을 빠르게 확인하고 불꽃을 다시 지필 수 있습니다.

반복 세팅의 목표는 '인출'이다

반복의 목표는 단순히 '많이 본다'가 아닙니다. 내가 이해하고 암기한 내용을 '꺼낼 수 있느냐'가 핵심입니다. 이를 '인출'이라고 합니다. 시험에서 문제를 보면 떠오르고, 말로 설명할 수 있어야 합니다. 그래서 정리하고 암기하는 것만으로 만족하지 말고, 설명하고 인출하는 훈련을 반드시 해야 합니다.

정리를 다 했는데도 시험문제를 보면 막막한 이유는, 인출 훈련이 부족하기 때문입니다. 저장은 되어있지만 꺼내는 길이 막혀 있는 상태입니다. 이럴 때는 인출 연습을 통해 그 길을 뚫어줘야 합니다. 인출이 가능해지면 지식과 기술은 완전히 내 것이 됩니다. 더 중요한 건, 인출 자체가 다시 뇌신경 연결을 자극하여 지식을 더 강하게 만들어준다는 점입니다.

해마가 좋아하는 공부 습관

해마는 기억을 담당하는 핵심 부위입니다. 흔히 '기억의 제조공장'이라고 부르는데, 새끼손가락 정도 크기로 양쪽 측두엽 깊은 곳에 자리합니다. 해마는 약 1천만 개의 뇌세포로 이루어져 있으며, 각 세포는 2~3만 개의 다른 세포와 연결됩니다.

해마를 잘 보면 공부를 이해할 수 있습니다.

경험은 모두 해마를 통해 걸러진다

우리는 하루에 엄청난 양의 정보를 접합니다. 이러한 정보는 모두 해마를 먼저 통과합니다. 해마는 이때 모든 정보를 저장하지 않고, 중요하다고 판단하는 것만 골라냅니다.

그 기준은 단순합니다. 감정과 반복입니다. 해마는 호기심이 생기거나 인상 깊었던 경험이나 자주 반복해서 접한 정보를 중요하다고 판단하는 거죠. 그래서 공부에서 호기심과 반복이 중요한 거고요.

잠자는 동안에도 일을 하는 해마

잠자는 동안 해마는 낮에 들어온 정보를 다시 꺼내 정리합니다. 이 과정에서 해마는 기존 기억과 새로운 정보를 비교하고, 어디에 저장할지, 어떤 연결을 만들지 결정합니다. 충분히 잠을 자야 이 작업이 원활하겠지요.

해마의 이런 활동은 창의성과도 깊이 연결됩니다. 정리 과정에서 예상치 못한 연결이 만들어지기 때문입니다. 기존 기억과 새로 들어온 정보를 비교하고 연결하며 새로운 조합이 만들어집니다.

또, 잠자는 동안 뇌는 공부할 때 사용했던 영역을 다시 활성화하며 기억을 저장합니다.

낮에 글을 읽으며 이해했다면 언어 영역이, 문제를 풀며 생각했다면 사고와 판단에 관련된 영역이 잠자는 동안 다시 켜집니다.

이 과정이 반복되면, 자주 쓰인 공부 영역의 연결은 점점 더 단단해집니다. 그래서 새로운 개념이나 문제를 만났을 때도 이미 만들어진 연결을 따라 더 쉽게 이해하고 풀어갈 수 있습니다.

　이것이 아는 것이 많을수록 더 잘 외울 수 있는 이유입니다. 이미 뇌 안에 공부의 길이 나 있기 때문에, 새로운 정보가 붙을 자리도 자연스럽게 넓어지는 것입니다.

해마의 핵심, 치상회(과립세포)는 빠른 속도로 바뀐다

　해마 안에는 치상회라는 영역이 있는데, 이곳의 '과립세포' 는 생성과 소멸이 매우 빠릅니다. 약 3~4개월이면 세포가 거의 완전히 새로 교체될 만큼 역동적입니다.

　과립세포의 생성 속도가 빠르면 기억력은 좋아지고, 반대로 파괴 속도가 빠르면 기억력은 떨어집니다. 그렇다면 과립세포를 건강하게 유지하고 늘리기 위해 필요한 것은 무엇일까요?

　첫째, 풍부한 자극입니다. 풍부한 자극은 해마를 성장시킵니다.

　둘째, 안정감입니다. 지나친 스트레스는 해마에 손해이며, 안정감은 해마를 강화합니다.

　셋째, 운동은 해마의 세포를 살리고, 살아남아 뇌신경 연결을 돕습니다.

운동할 때 나타나는 쎄타 리듬이라는 뇌파는 기억이 잘되는 상태로 만듭니다. 우리가 호기심을 느끼고 흥미를 가질 때도 비슷한 리듬이 나옵니다. 그래서 동기, 호기심, 목표, 설렘은 기억력을 높이는 뇌의 연료가 되죠. 하고 싶어지는 마음이 생기면 뇌는 자연스럽게 집중하고, 해마는 그 정보를 중요한 기억으로 남기려 합니다.

해마가 좋아하는 공부 습관

해마는 아무 방식의 공부나 기억으로 만들지 않습니다. 특정한 조건이 갖춰질 때, 정보를 오래 붙잡아 둡니다.

첫째, 짧게라도 반복하는 공부입니다.

한 번에 오래 하는 공부보다, 자주 다시 만나는 공부를 해마는 더 중요하게 여깁니다. 반복은 기억을 선택받게 만드는 가장 확실한 신호입니다.

둘째, 이해하려고 애쓰는 공부입니다.

그냥 외우는 정보는 오래 남지 않습니다. 왜 그런지 생각하고, 앞의 내용과 연결하려는 순간 해마는 그 정보를 저장할 가치가 있다고 판단합니다.

셋째, 구조를 먼저 잡는 공부입니다.

전체 흐름과 핵심을 먼저 알고 공부하면 세부 내용은 그 위에 훨씬 잘 붙습니다. 해마는 흩어진 정보보다 구조가 있는 정보를 선호합니다.

넷째, 감정이 실린 공부입니다.

호기심, 목표, '해보고 싶다'는 마음이 생기면 해마는 그 정보를 중요한 기억으로 분류합니다. 공부에 감정이 실릴수록 기억은 오래갑니다.

다섯째, 잠과 운동을 함께 챙기는 공부입니다.

잠은 기억을 정리하는 시간이고, 운동은 해마의 세포를 살리는 자극입니다. 책상 앞의 노력만으로는 기억이 완성되지 않습니다.

해마가 좋아하는 공부란 특별한 재능이 필요한 공부가 아닙니다. 뇌가 기억하기 좋은 조건을 만들어 주는 공부입니다.

4부

공부뇌 만들기의 실전

뇌는 공부할 때
'무엇을 배우는지, 어디로 가는 중인지'를
먼저 알고 싶어 합니다.
목적지 없이 길을 가면 불안한 것처럼,
방향을 모르면 뇌도 집중하기 어렵습니다.

뇌가 좋아하는
교과서 읽기의 기술

교과서 읽기의 기술

교과서를 어떻게 읽느냐에 따라 공부의 효율은 크게 달라집니다. 많은 학생들이 교과서를 큰 흐름에 대한 파악 없이 바로 한 줄 한 줄 읽기에 들어가는데, 뇌는 먼저 큰 그림을 보고, 세부를 채우는 방식을 더 좋아합니다.

1) 전체 구조부터 훑는다

세부 내용을 읽기 전에, 전체 구조를 파악하는 것이 먼저입니다. 교과서의 차례, 단원 제목, 소단원 제목을 빠르게 살펴보세요. 더불어 그림, 도표, 굵은 글씨 등을 보며 '이번 단원에서 무엇을 배우는지' 큰 흐름을 잡는 겁니다.

예를 들어 과학 교과서에서 '물질의 상태 변화' 단원을 배운다면, 차례와 그림만 훑어도 '고체 – 액체 – 기체의 변화'가 핵심 주제라는 걸 바로 알 수 있습니다. 신문이나 잡지를 넘겨보듯 가볍게 보되, 머릿속에는 대략적인 지도를 그린다고 생각하세요.

2) 흥미 있는 부분을 먼저 살핀다

전체를 빠르게 훑다 보면 자연스럽게 눈에 들어오는 그림이나 설명이 있습니다. 이렇게 호기심이 생기는 지점부터 살펴보세요.

예를 들어 한국사 교과서에서 '훈민정음 해례본 그림'이나 '거북선 그림'이 흥미롭게 느껴진다면, 그 부분을 먼저 보는 겁니다. 흥미로운 부분에 집중하다 보면 뇌가 '이 단원은 재미있겠다'라는 긍정적 신호를 보내고, 다른 부분으로도 관심을 넓히기 쉬워집니다.

3) 부분 정독과 반복 읽기로 이해도를 높인다

교과서를 읽을 때 한 번에 다 이해하려고 하면 금방 지칩니다. 중요한 개념이나 잘 이해되지 않는 부분은 표시만 하고 넘어가세요. 이후 다시 반복해서 읽을 때, 표시한 부분을 중심으로 정독하며 앞뒤 맥락을 연결해 갑니다. 이렇게 하면 점점 더 깊이 이해할 수 있습니다.

4) 큰 줄거리와 세부 내용을 채워나간다

교과서를 반복해 읽다 보면, 처음에는 흐릿하게만 보였던 큰 줄거리가 점점 선명해집니다. 이후 세부 개념과 예시들을 하나씩 채워 넣으면서 전체 구조가 완성됩니다. 이 과정에서 꼭 알아야 할 핵심 내용과 부차적인 내용을 구분하는 눈도 함께 길러집니다. 뇌는 중요도의 차이를 구분하여 정보를 기억할 때 효율적으로 작동합니다.

5) 정리하기

반복 읽기로 교과서의 내용을 어느 정도 숙지했다면, 핵심 개념 2~3개를 뽑아 자신의 말로 설명하거나 간단히 써보며 정리해보세요. 이 과정을 반복하면 교과서 속 지식들이 서로 연결되며 이해의 그물이 촘촘해집니다.

교과서를 읽는다는 건 단순히 글자를 따라가는 일이 아닙니다. 흩어진 정보 조각들을 연결해 뇌 속에 하나의 지식망을 만드는 과정입니다.

뇌는 공부할 때 '무엇을 배우는지, 어디로 가는 중인지'를 먼저 알고 싶어 합니다. 목적지 없이 길을 가면 불안한 것처럼, 방향을 모르면 뇌도 집중하기 어렵습니다. 그래서 교과서를 읽을 때는 반드시 먼저 전체를 살피고, 큰 그림을 잡아야 합니다. 이처럼 전체 구조를 이해한 뇌는 세부 내용을 더 빠르게 받아들일 준비를 합니다.

처음부터 완벽히 이해하려는 부담은 내려놓으세요. 대신 '대충읽기 + 반복읽기' 전략을 쓰는 겁니다. 한 번에 다 이해하려 하지 말고, 여러 번 반복하면서 점차 내용을 연결해 나가면 뇌 속 지식망이 단단해집니다.

공부 습관 고리 만들기의 전략

뇌는 반복하는 습관을 좋아한다

뇌는 반복되는 행동을 좋아합니다. 특히 같은 자극에 같은 반응을 반복하면, 뇌는 이 과정을 점점 더 쉽게 만들기 위해 뇌 신경 회로를 연결합니다. 우리는 이 회로를 '습관'이라고 부릅니다.

습관은 '자극 → 행동 → 보상'이라는 고리로 구성되어 있습니다. 아침에 눈을 뜨면 화장실로 가고, 이를 닦고, 세수를 하고, 밥을

먹는 행동이 자연스럽게 이어지는 것도 모두 습관의 고리 덕분입니다.

이 고리는 한 번 만들어지면 자동으로 작동하기 시작합니다. 그래서 좋은 습관을 만드는 것이 중요하고, 반대로 나쁜 습관은 의식적으로 끊어야 합니다.

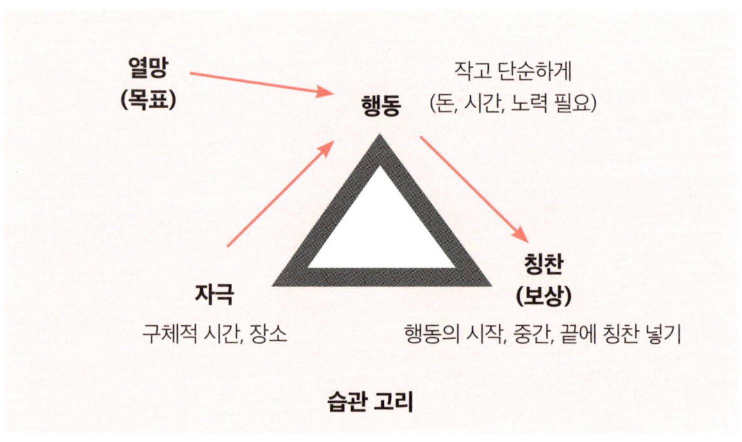

생각도 습관이다

습관은 행동뿐 아니라 생각에도 적용됩니다. 어떤 일이 잘 안 될 때 '나는 왜 항상 이럴까' 하고 자책하는 생각이 떠오르나요? 이것도 습관입니다. 뇌 속에서 자책하는 회로가 반복되면, 점점 더 자주 자책하는 사람이 됩니다.

하지만 다행히도 생각의 흐름은 바꿀 수 있습니다. 나의 자책하는 습관을 바꾸고 싶다면, 그 시작은 '관찰'입니다. 내 머릿속의 자책의 순간을 의식적으로 바라보는 것입니다.

예를 들어, 시험을 망친 뒤 '나는 역시 안 돼'라는 생각이 떠올랐다면, 그 순간을 붙잡아야 합니다. '아, 지금 나는 나 자신을 부정하는 방향으로 생각하고 있구나' 하고 깨닫는 것이 첫걸음입니다. 그다음에는 이렇게 바꿔볼 수 있습니다.

'시험을 망친 건 사실이지만, 그건 한 번의 결과일 뿐이야. 지금 할 수 있는 건, 부족한 부분을 찾아서 다시 준비하는 거야.'

나쁜 일 발생 → 내가 하는 일이 다 그렇지 → 의식관찰 : 나 자신을 부정하는 방향으로 생각하고 있구나 → 나쁜 일은 나쁜 일이다. 내가 지금 해야 할 일을 찾아 집중하자.

생각의 흐름을 관찰하고, 바꾸려는 훈련을 반복하면 뇌 속 회로도 점점 바뀌게 됩니다.

생각의 흐름을 바꾸는 가장 좋은 방법 중 하나는 공부 생각으로 의식을 채우는 것입니다.

예를 들어, '내가 오늘 꼭 풀어야 할 문제는?', '방금 외운 단어를 떠올려볼까?', '이 부분은 왜 이해가 안 됐지?' 같은 질문을 머릿속에 계속 올려보는 것입니다.

이처럼 공부와 관련된 생각이 머릿속을 차지할수록, 행동도 자연스럽게 공부 방향으로 흘러갑니다. 공부를 반복하다 보면 생각도, 행동도, 감정도 점점 공부 중심으로 정돈되기 시작합니다.

목표를 자주 떠올리는 습관도 중요합니다. 목표를 의식의 중심에 두면, 뇌는 그 목표를 달성하기 위한 아이디어와 행동을 자동으로 찾아내려 합니다.

《돈의 속성》의 저자 김승호 회장은 "목표를 하루에 100번씩 100일간 써보라"고 조언합니다. 단순한 반복처럼 보이지만, 이 과정을 통해 목표가 뇌에 선명하게 각인되기 때문입니다. 이렇게 목표를 의식에 선명하게 올려놓으면 뇌는 무의식적으로도 그 목표를 향해 움직이기 시작합니다. 이러면 당연히 목표를 이룰 확률이 엄

청나게 올라가게 되고요.

중요한 것은 '반드시 이루어진다'가 아니라, '이룰 확률이 높아진다'는 점입니다. 반복해서 의식을 채운 목표는 뇌의 작동 방식을 바꾸고, 결국 현실에서 변화로 이어집니다.

인간은 본성적으로 부정적인 감정에 더 민감하게 반응합니다. 하지만 부정적인 생각에 오래 머물면 뇌는 점점 그 방향으로 굳어집니다.

그래서 훈련이 필요합니다. 긍정적인 해석을 의도적으로 반복해야 합니다. '지금 내가 할 수 있는 일에 집중하자', '이 문제는 나를 성장시키는 기회야' 같은 생각을 계속 떠올리고, 마음속에서 반복해보세요. 처음에는 어색해도, 반복하면 그것이 새로운 습관이 됩니다.

공부 습관을 위한 실천 전략

공부를 습관으로 만들기 위해서는 몇 가지 전략이 필요합니다.

1) 조각난 시간을 모아야 한다

공부는 절대 시간을 확보해야 합니다. 짧은 자투리 시간을 공부 시간으로 전환해보세요. 5분짜리 시간도 모이면 큰 흐름이 됩니다. 조각난 시간을 모아서 반복할 수 있도록 세팅해야 합니다.

2) 반복 시스템을 만들어야 한다

공부는 뇌신경 연결이라고 말했습니다. 뇌신경 연결에는 반복이 핵심입니다. 단권화, 오답노트, 자주 보는 정리노트처럼 반복을 위한 구조를 스스로 만들어야 합니다.

3) 노트 습관을 만들어야 한다

노트는 기억을 눈에 보이게 해주는 도구입니다. 노트 습관으로 반복할 수 있는 시스템을 만들어 지식과 기술을 관리하여야 합니다. 내용을 정리하고, 다시 보고, 또 보면, 자연스럽게 뇌에 남게 됩니다.

4) 목표와 할 일을 구체화해야 한다

목표는 멀리 있지만, 행동은 지금입니다. '오늘 할 일', '지금 할 일'을 정리해서 실천하면, 큰 목표도 차근차근 가까워집니다. 목표를 지금 해야 할 일로 변환하여 실행하면, 목표는 결국 현실이 될 확률이 높아집니다.

선물은 문제라는
포장지로 싸여 있다

끝으로 좋은 생각 습관 하나를 추천하겠습니다. 먼저 우리의 뇌에서 일어나는 부정적인 생각이 당연하다고 인정하는 것입니다. 그리고 학교 생활, 인간관계 등에서의 문제는 바닷가 파도처럼 평생을 걸쳐 반복해서 밀려올 것입니다. 문제를 문제로만 보면 부담과 스트레스로 다가옵니다. 하지만 '문제는 나를 성장시킬 수 있는 선물의 포장지'라고 보면 문제는 나에게 기회로 다가옵니다. 이 생각 습관 하나만 바뀌어도 성적은 물론, 인생이 훨씬 가볍고 풍요로워질 수 있습니다.

"이 문제 안에 어떤 배움이 들어 있을까?"
"지금의 어려움이 나를 어떻게 성장시킬 수 있을까?"

이런 질문을 던지며 문제를 바라보는 습관을 가져보세요. 뇌는 그 질문에 답하려고 움직이기 시작할 것입니다.

영어뇌 만들기는
블록 쌓기 원리와 같다

영어가 어려운 이유는?

영어 공부는 왜 해야 할까요? 공부의 이유를 찾으면, 뇌신경 연결이 더 강력하게 됩니다. 영어는 나를 더 넓은 세상과 연결시켜 주는 도구라는 점에서 다른 과목과 구별됩니다. 지금은 온라인으로 세계 사람들과 바로 연결되는 시대입니다. 영어를 알면, 더 빠르게 더 깊이 세상의 정보를 얻을 수 있습니다. 또한 세계 최고의 전문가, 리더, 창조자들이 쓰는 언어는 대부분 영어입니다. 영어를 공부한다는 건 나의 가능성을 세계로 확장하는 일입니다.

문제는 영어를 익히는 것이 꽤 어렵다는 것이죠.

영어는 외국어이기 때문에 한국어와는 뇌에서 처리되는 방식이 다릅니다. 익숙하지 않은 언어를 배우려면 새로운 뇌신경 연결을 많이 만들어야 하므로 당연히 어렵겠죠. 게다가 영어는 단순한 지식이 아니라, 말하고, 듣고, 써야 하는 기술이기도 합니다. 그래서 영어는 지식보다 기술처럼 접근해야 합니다. 반복 훈련을 통해 자동으로 반응하는 영어 뇌를 만들어야 합니다. 그러니 영어가 어려울 수밖에 없지요.

영어 뇌의 두 가지 영역: 이해 영역과 표현 영역

우리 뇌에서 언어 영역은 보통 왼쪽뇌에서 담당합니다. 이 언어 뇌는 두 가지 영역으로 나눌 수 있습니다.

- **이해 영역:** 듣고 읽어서 이해하는 부분
- **표현 영역:** 말하고 쓰는 부분

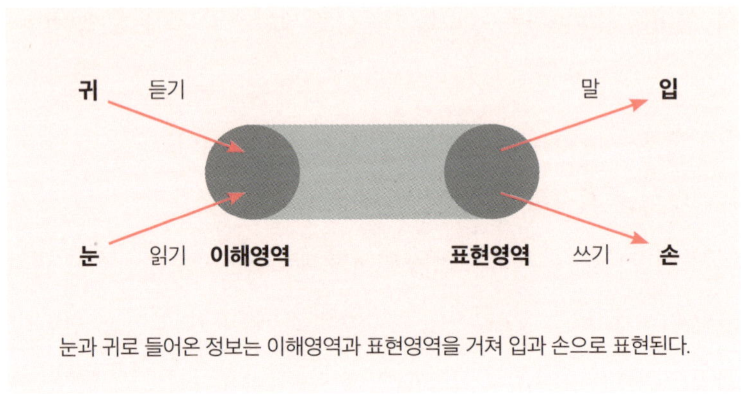

눈과 귀로 들어온 정보는 이해영역과 표현영역을 거쳐 입과 손으로 표현된다.

즉, 이해 영역은 듣고, 읽으며 자극됩니다. 표현 영역은 말하고 글을 쓰면서 자극됩니다. 영어 실력을 키우려면 이 두 영역을 모두 훈련해야 합니다.

이해 영역을 훈련하려면?

이해 영역을 훈련하는 가장 좋은 방법은 '쉬운 영어'를 많이 읽고 듣는 것입니다. 특히 흥미롭고 재미있는 내용일수록 뇌가 더 잘 반응합니다. 모르는 단어가 너무 많으면 이해가 어렵고, 반복도 힘들어지므로 내용이 어렵지 않은 책을 고르는 것이 좋습니다.

영어 듣기도 마찬가지입니다. 처음부터 어려운 방송이나 영화보다, 천천히 또박또박 들리는 영어를 반복해서 듣는 것이 효과적입니다. 발음 차이를 구분하는 훈련이 중요하며, 특히 한국어에 없는 발음(r, l, th 등)은 따로 연습해야 합니다.

표현 영역을 훈련하려면?

표현 영역은 말하기와 쓰기로 구성됩니다. **표현 능력을 기르려면 말을 많이 만들어봐야 합니다.** 저는 전화영어나 말하기 훈련을 병행하며 한글을 영어로 바꾸기는 연습을 많이 했습니다. 전화영어로는 말을 마구 내뱉는 연습을 하고, 문장 만들기를 하면서 문법에 맞는 문장을 만들기 위한 피드백 구조를 세팅했습니다. 말하는 데 익숙해지면서 문장을 만드는 속도가 빨라지고 정확도도 올라갔습니다.

표현 영역은 이해만으로는 강화되지 않습니다. 실제로 말하고 써야 표현 능력이 자라납니다. 처음에는 어색하고 느리지만, 반복하면서 뇌에 말하는 패턴이 연결됩니다. 말을 자주 만들어

보고, 간단한 일기를 영어로 써보는 것도 좋은 방법입니다.

영어 공부는 블록 쌓기다

영어 공부는 한 번에 끝내는 것이 아니라, 작은 단위의 학습을 차곡차곡 쌓아가는 것입니다. 마치 블록을 하나씩 쌓듯이, 이해와 표현에 필요한 기술을 천천히 채워야 합니다.

단어 블록 : 단어를 반복해서 외우고 쓰는 연습

읽기 블록 : 쉬운 글을 많이 읽어 자연스러운 이해 만들기

듣기 블록 : 자주 들으며 발음을 익히고, 문장을 자동으로 인식하기

말하기 블록 : 자주 말하면서 말의 구조를 익히기

쓰기 블록 : 일기나 간단한 문장을 자주 쓰며 표현력 키우기

하나하나의 블록이 연결될 때마다, 영어 뇌도 점점 단단해지고 여러분의 영어 실력도 단단해집니다.

영어는 단기간에 끝나는 공부가 아닙니다. 매일매일 반복해

서 새로운 연결을 만들어야 합니다. 오늘 하나의 단어를 외우고, 내일은 그 단어로 문장을 만들어보고, 다음 날은 그 문장을 말해보는 연습,. 이렇게 조금씩, 하지만 꾸준하게 연결을 만들면, 영어는 반드시 여러분의 무기가 됩니다.

수학, 뇌를 연결하는 사고력 시스템

**수학은 뇌를 단련하는
가장 강력한 공부 도구**

우리는 아주 오랜 시간 동안 수학을 공부합니다. 초등학교부터 고등학교까지 수학은 항상 우리의 교과과정에 포함되어 있고, 시험도 자주 치릅니다. 그런데 어른이 되면 대부분 수학을 쓸 일이 거의 없습니다. 공식도, 정리도, 풀이과정도 점점 잊어버리게 됩니다. 그래서 어떤 사람은 '이렇게까지 수학을 공부할 필요가 있었을까?'라는 생각을 하기도 합니다.

수학을 전공할 것도 아닌데, 우리는 왜 수학을 꾸준히 배우는 것일까요?

결론부터 말하자면, **수학은 뇌의 세 가지 능력, 즉 사고력, 창의성, 작업기억을 강화하는 데 탁월한 도구**입니다. 단지 성적을 위한 과목이 아니라, 뇌를 단단하게 만들어주는 도구라는 점에서 수학은 매우 중요합니다.

1. 사고력을 위한 최고의 훈련 도구

사고력은 '생각하는 힘'입니다. **어떤 문제를 마주했을 때, 그 안에서 본질을 꿰뚫고 정확한 답을 찾아가는 능력이 사고력**입니다. 수학 문제를 풀다 보면 수없이 사고해야 합니다. 주어진 조건을 분석하고, 어떤 공식을 써야 할지 고민하며 논리적 흐름을 만들어가야 합니다.

수학이 사고력 훈련에 효과적인 이유는 다음과 같습니다.

1) 정확한 피드백이 존재한다

수학 문제는 답이 정해져 있습니다. 내가 제대로 생각했는지, 어떤 과정이 틀렸는지를 명확히 알 수 있습니다. 답이 틀렸다는 것은 생각의 과정에 오류가 있었음을 알게 해줍니다. 이를 통해 생각의 오류를 수정할 기회가 생기고, 오류를 수정하면서 더 날카롭게 생각의 힘이 단련됩니다.

2) 난이도 조절이 가능하다

수학은 단계별로 문제 난이도가 구성되어 있어, 자신의 수준에 맞는 문제를 선택해 훈련할 수 있습니다. 수학의 초보자든 고수든, 게임처럼 자신의 수준에 맞게 깰 듯 말 듯한 레벨의 문제를 찾아 진행할 수 있습니다. 최적의 교육 효과는 깰 듯 말 듯한 도전적인 지점 어딘가에 놓여 있습니다.

3) 정답보다 과정이 중요하다

정답을 맞히는 것보다, 그 정답에 이르기까지 생각으로 바둥거리는 과정에서 뇌신경 연결이 강화됩니다. 생각의 힘은 지식이 아니라 '기술'입니다. 기술은 반복과 피드백을 통해 성장합니다.

창의성이란 '새로운 아이디어를 만들어내는 능력'입니다. 단순히 엉뚱한 생각을 떠올리는 것이 아니라, **기존의 정보나 재료를 조합해 의미 있는 새로운 결과를 만드는 힘**이지요.

수학은 창의력 훈련에 효과적입니다. 왜냐하면 수학 문제를 풀기 위해서는 주어진 정보(정의, 공식, 개념)를 연결해 새로운 방식으로 접근해야 하기 때문입니다. 즉, 머릿속 재료들을 다양하게 엮어보는 반복 훈련이 이뤄지는 것입니다.

수학은 좌뇌적 접근(논리적 접근)과 우뇌적 접근(직관적 해결)을 모두 활용하는 과목이기도 합니다.

어떤 문제는 논리적으로 차근차근 풀어야 하고, 어떤 문제는 순간적인 직관으로 '아하!' 하고 풀릴 때도 있습니다. 이 두 가지 사고방식이 함께 훈련되면 창의성도 점점 강해집니다.

3. 작업기억을 넓히는
유용한 훈련 도구

작업기억은 '머릿속의 책상'이라고 할 수 있습니다. '필요한 정보나 생각을 머릿속에 펼쳐놓고 동시에 여러 가지를 처리하는 능력'입니다. 책상이 넓을수록 많은 도구를 펼쳐놓고 일할 수 있는 것처럼, 작업기억이 넓을수록 문제해결 능력과 집중력이 좋아집니다.

수학을 공부하는 동안 우리는 머릿속에서 여러 가지 정보를 동시에 다루게 됩니다. 문제의 조건, 관련 공식, 추론 과정 등을 한꺼번에 떠올리고 유지하면서 풀이를 이어가야 하지요. 이런 훈련이 반복되면 머릿속 책상, 즉 작업기억의 크기와 활용 능력이 점점 향상됩니다.

이처럼 수학은

- 사고력을 키워 문제의 본질을 보게 합니다.
- 창의력을 단단히 하여 같은 재료에서 더 맛난 것을 만들게 합니다.
- 작업기억을 넓혀 생산성을 높여줍니다.

수학은 성적만을 위한 것이 아닙니다. 수학은 머릿속 뇌신경 연결을 풍요롭게 하는 최고의 지적 도구입니다.

그렇다면 수학은 어떻게 공부해야 할까?

수학을 단순히 문제 푸는 과목으로 여기기보다는, 뇌를 단련하는 훈련과정으로 생각해보면 좋습니다. 그에 맞는 공부법도 필요합니다. 아래와 같은 방식으로 수학을 공부해보세요.

수학 훈련의 '뚫는 힘'과 '패턴 힘', 두 가지 힘을 키워야 합니다.

1) 뚫는 힘

뚫는 힘은 한 문제를 안고 오랜 시간 뚫으려고 애쓸 때, 그리고 결국 뚫을 때 강해집니다. 미지의 문제를 향해 뚫기를 반복하면 뚫는 힘 자체가 강해지지요. 사고력이 날카로워지는 것입니다. 결국 남들이 보지 못하는 깊이의 것, 눈에 보이는 현상 이면을 볼 수 있는 힘이 길러지지요.

뚫기를 반복하는 것은 사고력을 단련하는 가장 좋은 훈련입니다. 처음엔 잘 안 풀리더라도 계속 도전을 반복해야 합니다. 답이 맞고 틀리고가 중요하지 않습니다. 문제를 붙들고 고민하는 과정에서 뚫는 힘은 커지고, 여러분의 사고력 관련 뇌신경의 연결은 강화됩니다.

2) 패턴 힘

패턴 힘은 '여러 문제를 반복해서 풀면서 익숙한 유형을 빠르게 해결하는 능력'입니다. 패턴 힘은 많은 문제를 많이 풀어야 강해집니다. 시험을 위해서는 이 훈련이 필요합니다. 어려운 문제를 오래 붙들고 사고력을 키우는 훈련도 필요하지만, 쉬운 문제의 패턴을 빠르게 인식하고 풀어내는 능력도 필요합니다.

수학 공부의 실천법

'약속 외우기 → 기본예제 → 심화문제 → 생각문제'
이 순서로 공부해보세요.

1) 약속 외우기

수학은 약속의 학문입니다. 기호, 용어, 개념은 모두 약속이므로 반드시 외워야 합니다.

- 1/2은 하나를 두 조각으로 나눈 것이다.
- 2+3은 두 개와 세 개를 합친 것이다.

2) 기본예제 연습하기

약속을 바탕으로 한 기본적인 문제들을 풀며 개념을 익힙니다.

3) 심화문제 도전하기

생각이 많이 필요한 문제, 여러 개념이 조합된 문제를 풀어보며 사고력을 단련합니다.

4) 생각문제 관리하기

어려워서 당장 풀지 못하는 문제는 별도로 표시해두세요. 자투리 시간에 다시 떠올리며 머릿속으로 계속 생각해보는 훈련을 해보세요. 풀리면 좋고, 안 풀리면 더 좋습니다. 생각하는 힘이 자라는 시간입니다.

수학은 뇌의 연결을
바꾸는 공부입니다

10대 시절, 수학은 단지 성적을 위한 공부가 아닙니다. 뇌를 날카롭게 만들고, 생각하는 기술을 익히는 지적인 도구입니다. 수학을 잘한다고 해서 모두 수학자가 되는 것은 아니지만, 수학을 통해 뇌를 단단하게 만든 사람은 어떤 분야에서도 더 뛰어난 문제 해결력을 가질 수 있습니다.

수학은 결국 '머리 쓰는 힘'을 길러주는 뇌 운동입니다. 그러니 지금 여러분이 풀고 있는 그 문제 하나하나가, 앞으로의 삶에 꼭 필요한 힘을 만들어주고 있는 중임을 기억하세요.

공부뇌의 4단계 : 읽기-이해-정리-암기

공부가 잘되지 않을 때, 우리는 흔히 노력이나 의지를 먼저 떠올립니다. 하지만 많은 경우 문제는 '의지'가 아니라 '순서'에 있습니다. 뇌는 아무 방식으로나 배우지 않습니다. 정해진 흐름을 따라야만 제대로 작동합니다.

읽기

공부의 출발점은 언제나 읽기입니다.

뇌는 입력된 정보로만 생각하고 판단합니다. 글을 대충 읽으면, 뇌에는 흐릿한 정보가 들어옵니다. 이 상태에서 이해하려 하거나 외우려 하면 공부는 처음부터 불안정해질 수밖에 없습니다. 읽기란 글자를 눈으로 따라가는 일이 아니라, '정보를 뇌에 또렷하게 입력하는 과정'입니다.

이해

읽기를 통해 정보가 들어오면, 다음 단계는 이해입니다.

이해란 내용을 기억해 내는 것이 아니라, '왜 그런지, 앞의 내용과 어떻게 이어지는지를 스스로 설명할 수 있는 상태'를 말합니다.

이 단계에서 뇌는 정보를 연결하고, 의미 있는 구조로 묶기 시작합니다. 이해되지 않은 정보는 뇌 안에서 고립됩니다. 연결되지 않고 구조로 묶이지 않은 정보는 뇌 안에 자리 잡지 못한 채 사라집니다.

정리

이해가 이루어졌다면, 이제 정리가 필요합니다.

정리는 공부를 다시 하는 일이 아닙니다. 정리란 이미 이해한 내용을 '핵심과 그에 대한 설명으로 나누고, 중요한 것만 남겨 뇌가 한눈에 구조를 볼 수 있게 만드는 과정'입니다. 정리를 통해 정보는 흩어지지 않고 자리를 잡습니다. 정리가 잘된 공부는, 필요할 때 빠르게 꺼내 쓸 수 있는 공부입니다.

암기

마지막 단계가 암기입니다.

암기는 공부의 시작이 아니라 끝에 가깝습니다. 이해가 깊어질수록 암기할 양은 자연스럽게 줄어듭니다. 정보들이 서로 연결되면, 하나를 떠올릴 때 다른 내용이 함께 따라 나오기 때문입니다.

하지만 이해했다고 해서 모든 것이 자동으로 기억되는 것은 아닙니다. 뇌는 반복하여 자극되지 않는 연결을 유지하지 않습니다. 아무리 잘 이해한 내용이라도 사용하지 않으면 희미해집니다.

공부란 이 과정을 한 번 하고 끝내는 일이 아닙니다.

'읽고 → 이해하고 → 정리하고 → 암기하는' 과정을 필요에 따라 반복하는 일입니다. 다시 읽으면 이해는 깊어지고, 다시 정리하면 구조는 선명해지며, 반복하면 암기는 오래 남습니다. 이 네 단계가 서로 단단하게 연결될수록 뇌는 정보를 훨씬 효율적으로 저장합니다.

그 결과, 공부의 부담은 줄고 같은 시간에도 성과는 분명히 달라집니다. 공부는 많이 하는 일이 아니라, 뇌가 배우는 흐름을 반복하는 일입니다.

시험의 기술①
기출문제로 약점을 파악하라

1) 시험공부는 보물찾기입니다

시험공부는 보물찾기입니다. 출제자가 알기 원하는 보물을 많이 머릿속에 채우고, 채운 것을 꺼내는 연습을 하는 거죠. 즉 시험공부는 개념을 익히고, 이해하고, 외우고, 꺼내는 과정입니다.

그래서 시험공부는 모든 지식을 아는 것이 목표가 아닙니다. 필요한 지식을 아는 것이 중요하지요. 잡다한 지식을 많이 알아도 중요한 것을 놓치면 시험성적은 좋지 않습니다. 보물이 무엇인지를 알고 보물을 잘 챙길 줄 알아야 합니다.

2) 기출문제는 보물지도입니다

어떤 공부든 방향이 있어야 합니다. 여러분이 어떤 시험을 준비하고 있다면, 기출문제는 그 방향을 알려주는 보물지도입니다. 시험공부는 그냥 보물찾기가 아니라, 출제자가 원하는 보물을 찾는 여정입니다. 그리고 기출문제는 그 보물이 어디에 숨겨져 있는지를 보여주는 지도입니다.

3) 기출문제는 시험의 스타일을 알려줍니다

기출문제를 분석하면, 출제자가 어떤 내용을 중요하게 여기는지, 어떤 유형으로 문제를 내는지를 알 수 있습니다. 시험에는 항상 일정한 패턴이 있습니다. 어떤 과목이든, 어떤 시험이든 마찬가지죠.

예를 들어, 어떤 시험은 객관식 위주이고, 어떤 시험은 서술형을 강조합니다. 어떤 시험은 계산력을 요구하고, 어떤 시험은 개념 설명을 더 중요하게 다룹니다. 이것을 미리 알 수 있다면, 공부전략을 세우는 데 큰 도움이 됩니다.

4) 기출문제는 공부의 방향을 알려줍니다

모든 내용을 똑같이 공부할 수는 없습니다. 시간도 부족하고, 기억할 수 있는 양도 한계가 있습니다. 그래서 공부에는 '우선순위'가 필요합니다. 무엇부터 익혀야 하고, 무엇을 나중에 봐도 되는지를 판단해야 합니다. **기출문제는 그 우선순위를 정해주는 힌트**입니다.

예를 들어, 같은 단원에서 매년 반복해서 문제가 출제된다면, 그 부분은 반드시 마스터해야 합니다. 반대로 몇 년간 단 한 번도 나오지 않은 내용이라면, 뒤로 미뤄도 괜찮습니다. 세부적인 내용도 계속 출제된다면 세부적인 내용도 적절하게 공부를 해야 하지요. **기출문제는 이러한 공부의 방향성, 깊이 등에 대한 작전을 짤 때 꼭 필요합니다.**

5) 기출문제는 약점을 알려줍니다

공부에서 가장 중요한 건 '약점 파악'입니다. 내가 무엇을 모르는지, 어떤 기술이 부족한지를 알아야 실력이 늘 수 있습니다. **기출문제를 풀다 보면, 자주 틀리는 유형이나 헷갈리는 개념이 드러납니다. 이것이 바로 약점입니다.**

약점을 정확히 아는 순간, 공부는 훨씬 효율적으로 바뀝니다. 그 부분만 집중적으로 반복하면 되기 때문입니다. 이 반복이 바로 뇌신경 연결을 만들어주는 힘입니다. 약한 연결을 반복으로 강화하면, 실력은 반드시 올라갑니다.

6) 자주 나오는 문제를 반복할 수 있습니다

시험에서 자주 나오는 패턴의 문제가 있습니다. 이런 문제는 빠르고 정확하게 풀 수 있어야 합니다. 머리로 생각하기 전에 자동으로 손이 움직이게 하는 것이 중요합니다.

이것은 지식이 아니라 기술입니다. 지식은 머리로 이해하고 기억하는 것이고, 기술은 몸이 기억해서 자동으로 반응하는 것입니다. 기출문제를 반복해서 풀면 이 기술이 만들어집니다. 같은 유형의 문제를 여러 번 풀면서, 뇌신경 연결망이 더 단단하게 이어지는 것입니다.

7) 기출문제는 함정의 패턴을 알려줍니다

시험에는 항상 '함정'이 숨어 있습니다. 출제자는 단순히 개념을 아는지를 넘어서, 얼마나 정확히 이해하고 있는지를 보고 싶어 합니다. 그래서 일부러 오답을 유도하거나, 지문 속에 혼동되는 표현을 섞어 놓습니다.

기출문제를 반복해서 보면, 이런 함정이 눈에 보이기 시작합니다. '이런 식으로 낸다'는 패턴이 보이는 순간, 시험은 훨씬 쉬워집니다. 질문자의 의도를 이해하면, 공부의 방향과 전략도 훨씬 명확해집니다.

8) 기출문제는 기술 훈련의 시작입니다

시험에는 지식만 필요한 것이 아닙니다. 기술이 더 중요할 때도 많습니다. 영어 독해는 단어 뜻을 아는 것보다, 문장을 빠르게 해석하는 능력이 중요하고, 수학은 개념보다 문제를 푸는 계산력이 중요할 때가 많습니다. 이것은 모두 기술입니다.

기술은 반복 훈련으로만 익힐 수 있습니다. 처음에는 느리지만, 반복할수록 속도도 정확도도 올라갑니다. 기출문제는 기술 훈련의 교과서입니다. 기출문제는 어떤 기술을 익혀야 하는지, 어느 수준까지 숙련해야 하는지를 알려줍니다.

정리하자면, 기출문제는 단순한 연습문제가 아닙니다.

- 시험의 성격을 파악할 수 있습니다.
- 공부 방향과 우선순위를 정할 수 있습니다.
- 자신의 약점을 발견하고 보완할 수 있습니다.
- 자주 나오는 유형을 자동화할 수 있습니다.
- 출제자의 마음을 미리 읽고 전략을 세울 수 있습니다.

기출문제를 단순히 푸는 데 그치지 말고, 뇌신경 연결을 강화하는 공부 전략으로 활용해보세요. 반복하고, 분석하고, 약점을 보완한다면, 기출문제는 여러분의 '합격 뇌'를 만드는 가장 강력한 도구가 됩니다.

시험의 기술②
단권화, 한 권으로 끝내는 기술

공부할 내용이 많아질수록, 머릿속은 점점 복잡해집니다. 교과서, 참고서, 문제집, 프린트, 수업 필기, 인터넷 자료까지, 공부에 필요한 정보는 여기저기 흩어져 있습니다. 이럴 때 가장 필요한 전략이 바로 '단권화'입니다.

단권화란 말 그대로 '한 권에 공부할 내용을 집약하는 과정'을 의미합니다. 공부할 내용, 외워야 할 개념, 중요한 정보 등을 모두 한 권의 책 안에 모아서 정리하는 방식입니다. 이렇게 하면 뇌는 훨씬 덜 피로하고, 기억의 정확도도 높아집니다.

왜 단권화가 중요한가

1) 외울 것을 한곳에 모을 수 있다

시험이 가까워지면 외운 것과 외우지 못한 것을 구분해서 반복을 집중해야 합니다. 그런데 외워야 할 내용이 여기저기 흩어져 있다면, 다시 찾고 정리하느라 시간이 낭비됩니다. 단권화를 하면 내가 외워야 할 핵심 내용이 한눈에 보이기 때문에, 복습이 훨씬 효율적이고 빨라집니다.

2) 중복과 누락을 줄일 수 있다

공부하다 보면 같은 개념을 여러 번 정리하거나, 반대로 중요한 내용을 빼먹는 경우가 있습니다. 이것은 정보가 여러 곳에 흩어져 있기 때문입니다.

단권화를 하면 이러한 중복과 누락을 최소화할 수 있습니다. 공부의 '구멍'을 막는 데 매우 효과적입니다.

3) 반복에 최적화

뇌는 반복을 통해 연결되고, 연결된 정보는 장기기억으로 저장됩니다. 그런데 정보가 여기저기 흩어져 있다면, 반복 자체가 어려워집니다. 집중도도 떨어지고, 시간도 오래 걸립니다.

단권화는 뇌에게 반복하기 좋은 구조를 제공합니다. 같은 페이지를 여러 번 넘기면서 익숙한 이미지와 흐름을 따라가기 때문에, 반복의 효율이 훨씬 높아집니다. 반복 학습의 질이 달라집니다.

4) 인출의 확률이 높아진다

공부는 인출이 중요합니다. 머릿속에 기억이 저장되어 있어도 인출하지 못하는 지식은 무의미합니다. 시험에서는 더욱 그렇지요. 단권화는 뇌의 인출 확률을 높여줍니다.

한 권에 정리된 내용은 장소 기억과 시각 기억을 자극합니다. 예를 들어, '책 오른쪽 아래쪽에 있었던 표'처럼 시각적인 이미지가 떠오르면서 답을 생각해내는 경험을 해본 적이 있지 않나요? 이런 인출은 정보를 한 권에 모아두었기 때문에 가능한 일입니다. 여러 자료를 나눠서 보면 이런 장면 기억이 생기기 어렵습니다.

단권화 방식은 크게 세 가지로 나눌 수 있습니다.

1) 책 자체에 정리하는 방식

교과서나 참고서를 한 권 선택해서 바로 필기하거나, 붙임 쪽지 등을 활용해서 필요한 내용을 그 책 안에 정리하는 방식입니다. 시간이 적게 걸리며, 이미 익숙한 책을 활용하므로 접근성도 좋습니다. 단, 나에게 꼭 필요한 것만을 추려내기는 어려울 수도 있습니다.

2) 요약본 중심 단권화

직접 요약본을 만들어 정리하는 방식입니다. 요약본 만들기는 내가 이해한 대로 재정리할 수 있어 가장 맞춤형이지만, 시간이 많이 걸립니다. 하지만 만들면서 자연스럽게 반복되고, 머리에 오래 남는다는 장점이 있습니다.

3) 요약본 + 책을 병행하는 방식

기본은 책을 중심으로 공부하되, 중요한 부분이나 외워야 할 내용은 따로 정리해서 요약본을 만드는 방식입니다. 책은 전체 흐름을 잡는 데 사용하고, 요약본은 '핵심, 약점, 암기 포인트'만 빠르게 복습할 때 사용합니다.

단권화는 전략이다

단권화는 단순한 정리가 아니라 전략적 세팅입니다. 이 전략은 반복과 인출이라는 뇌의 원리를 활용하여, 공부의 효율을 극대화합니다. 공부할 내용이 많은 중·고생에게 단권화는 꼭 필요한 기술입니다.

- 외울 내용을 한곳에 모아 집중할 수 있다.
- 시험 직전에도 빠르게 복습할 수 있다.
- 공부한 것을 빠르게 꺼내 쓸 수 있는 뇌 구조를 만들어준다.

뇌가 좋아하는 공부의 기술, 단권화는 집중반복을 위한 전략적 세팅입니다.

시험의 기술③
N회독 공부법: 뼈대를 세우고 살을 붙여나간다

회독은 뼈대를 세우고, 살을 붙여가는 공부 전략입니다

공부 잘하는 친구들이 꼭 하는 한 가지 습관이 있는데, 바로 회독입니다. 같은 책, 같은 내용을 여러 번 읽는 반복 학습이지요. 단순히 많이 읽는 것이 아니라, 처음에는 전체 흐름을 파악하고, 점점 디테일을 붙여가는 방식입니다.

그럼 왜 회독이 그렇게 중요할까요? 또 회독은 어떻게 해야 효과적일까요?

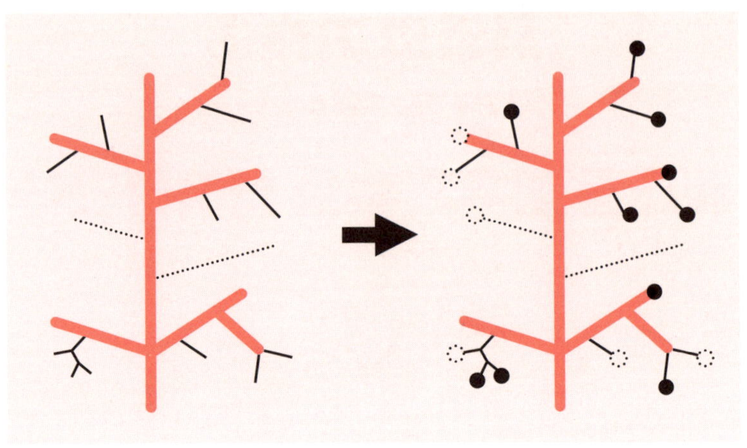

회독은 뼈대를 세우고, 살을 붙여가는 공부 전략으로, 처음에는 전체 흐름을 파악하고, 점점 디테일을 붙여가는 방식이다.

공부의 '큰 줄기'를 먼저 세우는 것이 회독의 핵심

공부는 작은 조각부터 시작하는 것이 아닙니다. 먼저 전체 구조를 보는 것이 핵심입니다. 마치 집을 지을 때 설계도를 먼저 그리는 것처럼, 공부도 큰 틀을 세우는 것이 먼저입니다.

가장 효율적인 회독 방법은 차례를 기준으로 회독하는 것입니다. 교과서나 참고서의 차례를 살펴보면, 공부해야 할 전체 구조가 눈에 들어옵니다. 이 구조를 먼저 살피고 반복해서 읽다 보면, 머릿속에 하나의 '지식 지도'가 그려지고 점점 더 촘촘해집니다. 그런데 처음부터 작은 조각의 습득에 집착하면 공부의 방향을 잃게 되고, 결국 작은 조각의 공부가 의미를 갖지 못하게 됩니다.

1회독: 큰 줄기 잡기

2회독: 세부 가지 살펴보기

3회독 이후: 구체적인 지식과 문제해결 능력까지 키우기

이처럼 회독은 뼈대를 먼저 세우고, 그 위에 살을 붙여가는 공부법입니다. 처음부터 모든 내용을 외우려 하지 마세요. 회독을 통해 점차 이해하고 기억하는 것이 훨씬 효과적입니다.

회독은 뇌에 어떤 영향을 줄까요?

뇌과학자 크레이그 베일리와 메리 첸의 연구에 따르면, 뇌 신경 말단(시냅스)은 자극을 자주 받으면 2배 가까이 증가하고,

시냅스의 활성화 비율도 향상됩니다. 그러나 일정 시간이 지나면 시냅스 말단의 수는 감소해 다시 원래 수준에 가깝게 돌아오지만, 초기보다 약간 많은 상태로 남습니다. 이것이 처음 배울 때보다는 두 번째 배울 때 조금 쉽게 배울 수 있는 이유입니다.

우리는 공부한다고 모든 것을 기억하지는 못합니다. 또 시간이 지나면 잊게 되지요. 하지만 한 번 기억한 것은 완전히 사라지지 않고, 다시 공부할 때 더 빠르게 연결됩니다. 이 말은 곧 한 번 회독한 내용을 다시 보면 훨씬 빨리 습득할 수 있다는 뜻입니다. 처음에는 어려웠던 개념도 두 번째, 세 번째 읽을 때는 점점 쉬워지는 이유가 바로 여기에 있습니다.

회독은 단순 반복이 아닙니다. 뇌에 지식의 불꽃을 다시 지피는 작업입니다.

회독은 '꺼져가는 불꽃'을 되살리는 일입니다

처음 공부할 때는 머릿속에 '지식의 불꽃'이 만들어집니다. 하지만 시간이 지나면 그 불꽃은 점점 작아집니다. 완전히 사라지기 전에 다시 지펴주는 것이 바로 회독입니다.

공부한 후 시간이 오래 지나면, 다시 공부할 때 거의 처음부터 다시 시작해야 합니다. 하지만 회독을 해두었다면, 그 불씨를 살짝만 건드려도 금방 다시 타오르게 할 수 있습니다. 이게 바로 '회독의 힘'입니다.

그럼 회독은 몇 번 해야 할까요?

미국의 언어학자 폴 핌슬러Paul Pimsleur는 외국어 학습에서 다음과 같은 회독 전략을 제안했습니다.

"5의 거듭제곱 초마다 반복하라."

즉,
1회 5초 뒤, 2회 25초 뒤, 3회 125초(2분) 뒤,
4회 10분 뒤, 5회 1시간 뒤, 6회 5시간 뒤,
7회 1일 뒤, 8회 5일 뒤, 9회 25일 뒤,
10회 4개월 뒤

이렇게 열 번을 반복하면 2년 정도 가는 장기기억이 만들어 진다고 주장합니다. 물론 교과 공부에 그대로 적용할 필요는 없지만, 중요한 원칙은 하나입니다. '처음에는 자주 반복하고, 점점 주기를 늘려서 반복하라'는 것입니다.

회독의 기술

1) 처음에는 큰 틀부터 보세요

차례를 보면서 회독하면 배울 내용의 전체 흐름이 한눈에 들어옵니다. 무엇을 먼저 배우고 어떤 내용이 이어지는지 알면 공부 방향이 잡힙니다.

2) 세부 내용은 천천히 붙이세요

2~3회독까지는 큰 틀에 작은 내용을 하나씩 붙여 나간다고 생각하세요. 전체 구조를 알면 세부 내용도 훨씬 잘 기억됩니다.

3) 반복 간격을 조절하세요

처음엔 짧게 자주 보고, 익숙해질수록 보는 간격을 조금씩 늘리세요. 이런 방식이 기억을 오래 유지하는 데 가장 효과적입니다.

4) 잊기 전에 한 번 더 보세요

시험 직전만 보는 게 아니라, 내용이 흐릿해지기 전에 가볍게 다시 한 번 보는 것이 중요합니다. 이러면 적은 시간으로도 기억이 쉽게 되살아납니다.

회독은 공부의 끝이 아니라, 공부의 시작입니다. 뇌는 반복을 통해 연결됩니다. 한 번 읽고 마는 것이 아니라, 회독을 통해 지식의 나무를 자라게 하고, 그 위에 과실을 맺게 하는 것, 그것이 진짜 공부입니다. 회독은 반복이고, 반복은 뇌를 강화하는 가장 강력한 방법입니다.

결국, 공부는
멘탈 게임이다

성장 마인드셋:
실패를 성장으로 받아들이는 힘

심리학자 캐롤 드웩 교수는 한 실험에서 예상 밖의 반응을 목격했습니다. 실험은 '학생들에게 쉬운 문제를 주면서 쉽게 풀리는 경험을 시키다가, 어려운 문제를 슬쩍 얹어 줍니다. 그러고는 아이들의 반응을 살피는 것'이었습니다. 대부분의 아이들은 당황했지만, 두 명의 아이는 달랐습니다. 그들은 "어라, 안 풀리

네?"라고 말하며 의자를 바짝 당기고 문제에 다시 집중했습니다. "도전이 좋아요"라고까지 말하면서요.

이 반응은 드웩 교수에게 뜻밖이었습니다. 이 아이들은 실패를 실패로 여기지 않았고, 실패를 도전이라는 성장의 기회로 받아들였습니다.

드웩 교수는 이후 20년 동안 이 반응의 비밀을 파헤쳤고, 결국 '성장 마인드셋Growth Mindset'이라는 개념을 제시하게 됩니다. 성장 마인드셋이란, '지능이나 재능이 타고나는 것이 아니라 노력과 경험을 통해 자랄 수 있다고 믿는 마음'입니다.

이와 반대되는 개념은 '고정 마인드셋Fixed Mindset'으로, '사람의 능력은 정해져 있다고 믿는 마음'입니다.

따라서 성장 마인드셋을 가진 사람은 도전을 좋아하고, 실패를 통해 배웁니다. 반면 고정 마인드셋을 가진 사람은 실패를 두려워하고, 어려운 일을 피하려고 합니다.

자아효능감 :
'할 수 있다'는 믿음의 힘

심리학자 앨버트 밴두라 교수는 뱀이나 거미, 높은 곳 등에 공포증을 가진 사람들을 치료하기 위해 '유도 숙달'이라는 방법을 사용했습니다. 공포의 대상을 조금씩 가까이하며 단계적으로 접근하게 했고(유도 숙달), 결국 환자들은 자신이 가장 두려워하던 대상과 마주하게 되었습니다.

놀라운 사실은, 공포증을 이겨낸 사람들의 삶 전체가 바뀌었다는 점입니다. 단지 두려움을 극복한 것에서 끝나는 것이 아니라, "내가 이걸 이겨냈으니 다른 것도 할 수 있다"는 마음이 생긴 것입니다. 밴두라 교수는 이 믿음을 '자아효능감Self-efficacy'이라고 불렀습니다.

자아효능감은 '내가 어떤 일을 해낼 수 있다고 믿는 힘'입니다. 이 믿음이 생기면 공부든, 운동이든, 인간관계든, 어떤 도전도 성장의 발판이 됩니다.

천재는 만들어진다 : 체스 자매 이야기

형가리의 심리학자 라슬로 폴가르는 '천재는 만들어지는 것이다'라는 믿음을 실험으로 증명하고자 했습니다. 그는 결혼하고 세 명의 딸을 낳아, 한 가지 목표 아래 체스 교육을 집중시켰습니다.

그 결과, 세 자매 모두 체스 세계 챔피언이 되었습니다. 특히 막내 주디트는 최연소 그랜드마스터가 되며 체스 역사를 새로 썼습니다. 아빠는 보통 실력이었고 엄마는 체스를 몰랐지만, 1만 권의 체스 책을 사서 활용하며 자녀를 교육시켰습니다.

이 사례는 타고난 재능보다 선택과 집중, 반복 훈련이 얼마나 강력한지를 보여줍니다.

뇌는 바뀐다 : 런던 택시 운전사 이야기

런던의 택시 운전사들은 수천 개의 도로와 장소를 외우고 있어야 면허를 받을 수 있습니다. 실제로 이 과정을 통해 뇌가 변한다는 연구 결과도 있습니다. 엘리너 맥과이어 교수는 런던 택시 운전사들의 해마(학습과 기억, 특히 공간적 장소 기억에 특화된 뇌 영역)가 일반 사람들보다 2~3% 더 크다는 것을 발견했습니다.

이는 단순히 머리를 많이 쓴다는 의미가 아니라, 반복적인 훈련이 뇌 구조를 실제로 변화시킨다는 증거입니다. 즉, 계속 반복하고 훈련하면 뇌신경 연결이 강화되고, 시간이 지날수록 그 분야에서 더 잘할 수 있도록 뇌가 스스로 변한다는 뜻입니다.

믿음도
뇌신경 연결이다

믿음은 보이지 않지만 실제로 뇌 속에 존재하는 뇌신경 연결의 결과입니다. '나는 못해'라는 생각은 연결된 회로이고, '해보면 된다'는 생각도 하나의 회로입니다. 회로는 훈련과 경험으로 바뀔 수 있습니다.

그러니 지금 이 책을 읽는 여러분도, "나는 안 돼"에서 "하면 될 수도 있겠다"로 믿음을 바꾸는 훈련을 시작해야 합니다. 그것은 '작고 실현 가능한 목표를 세우고, 하나씩 성공해보는 것으로부터 시작'됩니다. 그 작은 성공들이 모여서 뇌 속에 새로운 믿음 회로를 만듭니다.

**공부 멘탈 세팅 :
지금 뇌신경 연결에 집중하라**

공부는 멘탈의 싸움입니다. 그리고 그 멘탈은 뇌신경 연결의 결과입니다.

1) 작은 축적에 집중하세요

성적이나 등수에 연연하지 마세요. 지금 내 머릿속에서 어떤 연결이 만들어지는지에 집중하는 것이 더 중요합니다. 과정에 집중하면, 그 과정이 쌓여 자연스럽게 결과로 나타납니다.

2) 노력은 양도, 질도 중요합니다

남들이 한 시간 공부할 때, 여러분은 집중해서 30분 만에 같은 성과를 낼 수도 있습니다. 하지만 노력의 양도 중요합니다. 집중의 30분도 매일 반복해야 진짜 실력이 됩니다.

3) 복리 구조를 믿으세요

뇌신경 연결망도 공부도 복리 구조를 갖습니다. 오늘 외운 단어가 내일 영어 듣기에서, 다음 주 독해 문제에서, 다음 달 시험에서 계속 반복됩니다. 열심히 공부해도 당장 성적이 오르지 않을 수 있습니다. 하지만 작은 노력이 계속 쌓여 연결되면, 어느 순간 큰 힘으로 돌아옵니다. 이것이 공부의 복리입니다.

4) 해야 할 일을 즐기는 능력을 키우세요

하고 싶은 일만 하며 살 수는 없습니다. 하지만 해야 하는 일을 억지로만 하면 삶이 힘들어집니다. 피할 수 없는 공부라면, 그것을 도전의 과정으로 바꾸는 능력이 필요합니다. 이 능력이 생기면 공부뿐 아니라 인생의 많은 과정이 훨씬 가벼워지고, 스스로 만족하는 성장을 이끌 수 있습니다.

결국,
뇌신경 연결이 공부다

공부는 머리로 하는 것이 아니라, 뇌로 하는 일입니다.

우리는 오랫동안 공부를 '재능'이나 '머리가 좋다, 나쁘다' 같은 말로만 설명해왔습니다. 그러나 이 책에서 계속 강조해온 것처럼, 공부는 타고난 능력이 아니라, 뇌신경 연결을 만드는 훈련입니다.

뇌는 생각보다 훨씬 유연합니다.

새로운 것을 배우면 뇌 안에 새로운 연결이 생기고, 그 연결이 반복되면 점점 단단해집니다. 처음에는 어렵고 느리지만, 반복하면서 그 연결이 넓어지고 굵어지면 어느 순간, 나도 모르게 쉬워지고 빨라지는 순간이 옵니다.

그게 바로 공부가 '되는' 순간입니다.

공부를 잘한다는 건 '뇌신경 연결이 잘 되어 있다'는 뜻입니다.

반복, 집중, 인출, 운동, 휴식 같은 훈련을 통해 뇌를 자극하면, 누구나 공부뇌를 만들 수 있습니다. 그러니 이제 "나는 머리가 나빠서 안 돼요"라는 말은 하지 마세요. 여러분의 뇌는 연결되는 중에 있습니다. 누구는 연결이 조금 빠르고, 누구는 연결이 조금 느릴 뿐이지요. 연결이 느리다고 안 되는 것이 아닙니다. 연결을 멈추지 마세요.

공부를 멈추지 마세요

중단하지 않는 자에게 뇌는 반드시 응답합니다. 오늘 내가 한 번 더 반복하고, 한 번 더 집중하면, 내일의 뇌신경은 반드시 연결됩니다.

공부는 재능이 아니라 전략입니다.

공부는 의지가 아니라 습관입니다.

공부는 의심이 아니라 뇌신경 연결의 믿음입니다.

지금 이 순간, 스스로에게 이렇게 말하세요.

"내 뇌를 믿는다.

그리고 오늘, 한 걸음 더 나아간다."

공부는 결국, 뇌의 연결입니다. 그리고 그 연결은 오늘도 계속 이어집니다. 스스로 멈추지만 않는다면요.

최강 공부뇌

최강 공부법

초판 1쇄 인쇄 2026년 2월 13일
초판 1쇄 발행 2026년 2월 20일

지은이 신동선
펴낸이 이병일
펴낸곳 더메이커
전 화 031-973-8302
팩 스 0504-178-8302
이메일 tmakerpub@hanmail.net
등 록 제 2015-000148호 (2015년 7월 15일)
ISBN 979-11-87809-63-0 43190